Der 360-Grad-Fußballer

Marcel Körner

DER 360-GRAD-
FUSSBALLER

Bessere Entscheidungen durch
Wahrnehmungs- und Orientierungstraining

Meyer & Meyer Verlag

Der 360-Grad-Fußballer

Bibliografische Information der Deutschen Nationalbibliothek
Die Deutsche Nationalbibliothek verzeichnet diese Publikation in der Deutschen Nationalbibliografie; detail-
lierte bibliografische Details sind im Internet über <https://www.dnb.de> abrufbar.

© 2023 by Meyer & Meyer Verlag, Aachen
Auckland, Beirut, Dubai, Hägendorf, Hongkong, Indianapolis, Kairo, Kapstadt,
Manila, Maidenhead, Neu-Delhi, Singapur, Sydney, Teheran, Wien
Member of the World Sport Publishers' Association (WSPA)
Gesamtherstellung: Print Consult GmbH, München

ISBN 978-3-8403-7871-3
E-Mail: verlag@m-m-sports.com
www.dersportverlag.de

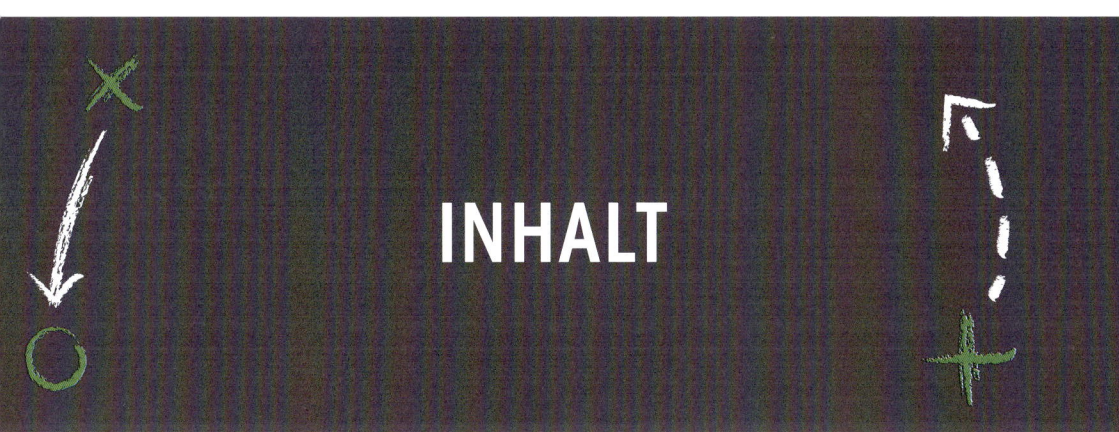

INHALT

VORWORT VON PETER HYBALLA

In dem Buch von Marcel Körner, *Der 360-Grad-Fußballer*, wird ein Themenbereich angeschnitten, der eigentlich sehr wichtig, aber doch nicht richtig beleuchtet ist im Fußball. Wir Trainer und besonders immer mehr jüngere Trainer stellen den Raum in den Vordergrund. Die Räume werden viel mehr besprochen als der Ball und die Technik. Auch im Kindes- und Jugendalter wird sehr viel über Halbräume gesprochen, über den 6er-Raum, den 10er-Raum, den Zwischenraum, über den Flügelraum. Und in diesen Räumen haben sich die Spieler bestens zu verhalten, in dem Sinne: Wie können sie den Ball annehmen, wie können sie in den Raum dribbeln, wie bekommen sie den Ball und in welchem Raum? Dennoch achten wir noch sehr wenig darauf, wie der Spieler diese Räume auch erkennt, worum es unter anderen auch in diesem Buch geht.

Marcel Körner beleuchtet in seinem Buch auch das Spiel zwischen den Linien, wie der Passgeber sich mit dem Passempfänger unterhält auf dem Platz – und das vor allem mit den Augen. Das Buch finde ich sehr interessant, da es ein Praxisbuch ist und ich bin ein Trainer, der aus der Praxis kommt. Auch für mich mit meinem Zweitjob als TV-Experte im deutschen und niederländischen Fernsehen ist das sehr interessant, denn dort arbeitest du sehr in der Theorie und schaust dir wirklich an, wie der einzelne Spieler sich in verschiedenen Räumen verhält. Da wird sehr viel im taktischen Bereich geschaut, also steht er in der geschlossenen Stellung, in einer offenen Stellung, in einer halb offenen Stellung und wie ist die Beziehung zum Ball und wie ist auch die Beziehung zum Mitspieler, von dem er den Ball bekommt.

In diesem Buch ist es eigentlich wie bei Vorträgen. Also, die großen Powerpoint®-Präsentationen fallen immer mehr weg und es wird eine Interaktion gefordert zwischen dem Redner und seinen Zuhörern. Und dieses Buch ist auch ein Interaktionsbuch, das heißt, es wird sehr auf Praxis geachtet, aber immer mit einem Tick wissenschaftlichen Cocktail dabei, was ja auch den Begriff „visuelle Wahrnehmung" einschließt. Es ist kein langweiliges wissenschaftlich-theoretisches Buch, sondern es ist immer das Wechselspiel zwischen Theorie und Praxis. Besonders der Zusammenhang zwischen Wahrnehmung, Entscheidung und Umsetzung ist sehr wichtig für uns als Trainer, die sehr praxisorientiert arbeiten.

Und für mich ist dieses Buch spannend, weil ich ja seit 30 Jahren auf dem Trainingsplatz stehe, in verschiedenen Ländern, in verschiedenen Clubs und immer wieder hinterfrage, wie ein Spieler eine Situation wahrnimmt und wie er verschiedenste Fähigkeiten noch besser trainieren kann – im individuellen Bereich, aber auch im Teamtraining. Wie entscheidet er sich dann? Wenn er z. B. einen Raum sieht, dribbelt er dann hindurch, lässt er doch den Ball mit einem Kontakt klatschen, sucht er den Mitspieler mit Augenkontakt oder sind die Augen doch mehr auf den Ball gerichtet und er weiß eigentlich, wo der Mitspieler steht? Und am Ende des Tages geht es immer um die Umsetzung.

Den Spielern, egal ob sie im offensiven oder defensiven Bereich arbeiten, wird immer gesagt, du darfst den Ball nicht verlieren, du musst die beste Lösung finden, also entweder über zwei Linien spielen, über zwei Linien dribbeln, den tiefen Ball spielen oder den Ball raus aus dem Druck spielen und auch dafür ist das Buch gut strukturiert. Was jeder TV-Experte auf der Welt jetzt sagt und was Trainer immer mehr übernehmen, weil sie auch viel aus dem Internet und aus dem Fernsehen lernen, ist der Bereich des Scannens. Also wie scannt ein Spieler eine Situation, wie ist das Timing, wie ist die Orientierung? Marcel beleuchtet hier neue Strategien, weil er insbesondere das visuelle System betrachtet. Und ich finde das sehr wichtig, dass Trainer oder TV-Experten nicht nur ihr Container-Coaching oder ihr Bar-Coaching machen und irgendwelche Schlagworte wie „peripheres Sehen" reinrufen. Marcel Körner, der ja auch Trainer und Sportwissenschaftler ist, verdeutlicht das noch einmal richtig auf eine Art und Weise, die einfach zu lesen ist und sofort in die Praxis umgesetzt werden kann. Besonders für das fußballspezifische Individualtraining hat er eine sehr gute Struktur und sehr spannende Praxisansätze, wo er das illustriert, was man neben dem Teamtraining *als* einzelner Spieler oder *mit* einem einzelnen Spieler noch trainieren kann.

Bei jeder Übung versuchst du natürlich irgendwie, das Spiel zu kopieren, aber auch dem Spieler ein Coaching mitzugeben, das vielleicht ein bisschen anders ist. Wenn du als Trainer noch mehr Hintergrundwissen hast und auch ein Wissen hast über bestimmte physiologische Eigenschaften, dann hast du als Trainer einen gewissen Vorsprung. Deswegen glaube ich, dass Marcel mit diesem Buch eine unheimlich große Hilfestellung für jeden Trainer und Spieler geschaffen hat, egal ob im Jugend- oder Profibereich.

Außerdem bezeichnet er sich selbst als faulen Sack. Dieses Buch hat jedoch nichts mit Faulheit zu tun, aber im letzten Abschnitt erklärt er euch, wie man vom faulen Sack zum Macher wird. Ich glaube, dass nicht nur Spieler manchmal eine gewisse Faulheit haben, sondern auch wir Trainer. Mit besonderen Anstößen können wir zum Macher werden und wir wollen natürlich auch unsere Spieler zu Machern werden lassen. Viele Trainer wollen Karriere machen, auch schon Jugendtrainer. Und ich glaube, um besser zu werden, ist dieses Buch im Sinne der visuellen Wahrnehmung, Orientierung, des Entscheidungs- und Umsetzungsvermögens ein super Theorie- und Praxisbuch.

Viel Spaß beim Lesen!

Euer etwas andersdenkender Trainer und Weltenbummler

Peter Hyballa

EINLEITUNG

Wir schreiben den 18.12.2022 und befinden uns in Katar. Bastian Schweinsteiger gibt als Experte der *ARD* im Rahmen seiner Spielanalyse des WM-Finales Argentinien gegen Frankreich folgende Sätze von sich: „Im Fußball darfst du nicht immer nur auf den Ball schauen, sondern du musst immer auch auf den Gegenspieler schauen. Das machen leider viele verkehrt."

Wir reden hierbei von einem WM-Finale – also Fußball auf allerhöchstem Niveau – und ein Experte, der schon einiges im Fußball gesehen hat, macht riesige Defizite in diesem Bereich aus. Schweinsteigers Aussage scheint grundsätzlich logisch und nichts Neues zu beinhalten. Doch alleine, dass diese Punkte von ihm bei Weltklasseteams als entscheidender Aspekt des Spiels ausgemacht werden, lässt schon erahnen, dass mehr in der reibungslosen Umsetzung des Ganzen steckt, als man im ersten Moment erwartet. Dieses Buch wird in das Thema der Orientierung und Übersicht im Fußball tief eintauchen und dir dabei helfen, die Komplexität dessen besser zu verstehen und umzusetzen.

Dabei hat dieses Buch nicht nur das Ziel, dass du bessere Entscheidungen triffst. Es geht vor allem auch darum, dass du durch eine bessere Orientierung und Wahrnehmung *schnellere* Entscheidungen treffen kannst. Es kann sein, dass du mehr Zeit hast für die Auswahl deiner nächsten Aktion. Und auch deine Technik wird von der Umsetzung des Trainingsprogramms in diesem Buch enorm profitieren.

Mein Freund Silas, den du auf einigen Bildern sehen wirst und der schon länger mit diesem Programm arbeitet, hat sein Empfinden auf dem Platz einmal folgendermaßen bildlich zusammengefasst: „Ich habe das Gefühl, dass alles um mich herum in Zeitlupe abläuft, sodass ich mehr Zeit für meine Entscheidung habe."

Das sind alles Vorteile, die du durch ein Training mit dieser Herangehensweise auf dem Platz erfahren kannst. Doch das alles ist natürlich schwer in einen Titel zu packen. Darum habe ich deinen Vorteil mal in „Bessere Entscheidungen" zusammengefasst.

Ich will dir kurz erzählen, was mich dazu verleitet hat, dieses Buch zu schreiben und dir erklären, warum ich überhaupt in der Lage bin, dir bei diesem Thema weiterzuhelfen. Seit ich mich zu Beginn meines Sportwissenschaftsstudiums 2010 intensiv als Trainer ausprobiert habe und tief in den Fußball eingetaucht bin, habe ich mich auch für die Wahrnehmung interessiert.

Den Anstoß gab das Thema Life Kinetik®, auf das ich bei meiner Buchstöberei aufgrund meiner anfänglichen Neugier gestoßen bin. Dort habe ich das erste Mal etwas von Augenübungen gehört und das Thema blieb spannend für mich. Später folgten erste lose Informationen über Neuro-Athletik-Training, was mich von Beginn an faszinierte. Aber neben Augenübungen habe ich auch im klassischen Fußballtraining versucht, immer Orientierungsaufgaben einzubauen. In meiner Masterarbeit ging es weiter, als ich Blickbewegungen von Fußballspielern mithilfe von Eye-Tracking wissenschaftlich untersuchte.

Seit ein paar Jahren arbeite ich mit Einzelspielern, die sich über das Mannschaftstraining hinaus in den Bereichen Übersicht, Orientierung und Wahrnehmung weiterentwickeln wollen, daran, dieses Ziel ganzheitlich und pragmatisch zu erreichen.

Mit einer Ausbildung zum Visual- und Kognitionstrainer in Verbindung mit meinen wissenschaftlichen und praktischen Ansätzen habe ich ein ganzheitliches Training erstellt, das an nahezu allen Stellschrauben, die mit diesem Thema zu tun haben, ansetzt. Es setzt sich zusammen aus den Erkenntnissen wissenschaftlicher Untersuchungen, aus Erfahrungen der Trainingspraxis im Mannschafts- und Einzeltraining, aus Einflüssen des differenziellen Lernens, aus dem Visualtraining, aus dem Neuro-Athletik-Training, aus der Life Kinetik® und auch aus der Lernpsychologie.

Ich hoffe, dass ich aus diesen Puzzleteilen ein Gesamtbild für dich formen konnte, was dir praktisch und verständlich hilft, ein besserer Fußballer zu werden und deine Wahrnehmung und Orientierung in der Praxis auf ein neues Level heben kann.

Es gibt allerdings auch gewisse Limits, da sich dieses Buch nicht vollständig jedem Teilbereich widmen kann. Zum einen spielt das gigantische Thema des kognitiven Trainings nur als Steigerung der visuellen Aufgaben eine Rolle. Zum anderen bezieht sich das Buch „nur" auf deine eigene Wahrnehmung als Spieler. Das Ausnutzen einer suboptimalen Orientierung deines Gegenspielers soll hier noch keine Rolle spielen, könnte allerdings in Zukunft als nächster Schritt ein sehr spannendes Thema für Fußballer sein, um einen Vorsprung gegenüber der Konkurrenz zu haben.

WIE DU AM BESTEN
MIT DIESEM BUCH ARBEITEST

Dieses Buch habe ich nicht geschrieben, um irgendwelches theoretisches Wissen zu vermitteln oder eine reine Übungssammlung zu gestalten. Es ist auch nicht in irgendeiner Weise als Unterhaltungsliteratur gedacht. Vielmehr ist es eine Art Workbook, das dir genau das liefern soll, was du zur Umsetzung und letztendlich zu deiner Leistungssteigerung brauchst.

Bei meiner Arbeit mit ambitionierten Fußballern ist mir aufgefallen, dass viele Spieler Schwierigkeiten haben, in die kontinuierliche Umsetzung ihres Trainingsplans zu kommen. Aus diesem Grund habe ich es mir zur Aufgabe gemacht, dieses Buch in Challenges, Trainingsempfehlungen und Umsetzungstipps zu strukturieren und sie mit diversen Fragen und Anregungen zu versehen, damit du als Spieler und Leser des Buchs bestmöglich in die Umsetzung kommst. Es soll also eine individuelle Schritt-für-Schritt-Anleitung darstellen.

Ich selbst kenne das Problem seit Jahren. Wie oft hatte ich vermeintlich gute Ideen im Kopf. Wie oft habe ich mir bestimmte Projekte vorgenommen oder konkrete Ziele gesetzt. Und wie oft hatte ich anschließend mit mir selbst zu kämpfen, um irgendwie in die Handlung zu kommen.

Das ging ja schon in der Schule und beim Studium los. Anstatt für die Prüfung zu lernen, wird dann mit YouTube® oder anderen geeigneten Ablenkungen prokrastiniert. Und wenn ich in diesem Teufelskreis erst einmal drin war, wurde aus dem inneren Kampf schon bald ein innerer Krieg. Die eigene Unzufriedenheit mit mir selbst konnte dabei ins Unermessliche steigen.

Und selbst bei Aufgaben, die ich mir privat ausgesucht hatte, fühlten sich Tätigkeiten, die vorher spielend leicht waren, plötzlich wie schwere körperliche Arbeit an, nachdem ich mir etwas fest vorgenommen hatte. Ich habe in den letzten Jahren zahlreiche Bücher zu den Themen Produktivität und Selbstmanagement gelesen und bin trotzdem letztendlich immer wieder an meinem inneren Schweinehund gescheitert.

Doch inzwischen bin ich auf einem Umsetzungslevel angekommen, das es mir ermöglicht, kontinuierlich Schritte in Richtung meiner Ziele zu gehen und dabei mit mir selbst im Reinen zu sein – meistens zumindest. Meine Erfahrungen dazu möchte ich hier nicht ausführlich mit dir teilen, aber ich versuche, dir durch diesen Erfahrungsschatz das Buch so aufzubauen, dass es dir möglichst leichtfällt, kontinuierlich ins Handeln zu kommen und somit letztendlich konkrete Ergebnisse zu erzielen.

Ein entscheidender Faktor kann für dich sein, dass du für die kommenden Wochen den Anweisungen in diesem Buch folgst. Es handelt sich um ein in der Praxis erprobtes Konzept. Einzelne Übungen 2-3-mal auszuführen, wird dich nicht weiterbringen. Wenn du nicht bereit bist, dich für diese neuen Ansätze zu öffnen oder mir auch nach meinen Erläuterungen nicht ausreichend Vertrauen entgegenbringen kannst, um die Übungen konsequent durchzuziehen, dann solltest du an diesem Punkt abbrechen und deine Zeit nicht weiter vergeuden.

Verstehe mich nicht falsch. Was ich dir hier erklären und nahebringen möchte, ist nicht *die* eine objektive Wahrheit. Im Fußball gibt es so oder so nicht immer ein Richtig oder Falsch, sondern viele verschiedene Philosophien. Und auch speziell auf deine Wahrnehmung auf dem Platz bezogen, gibt es unzählige verschiedene Ansätze. Wie meine Herangehensweise aussieht, die sich über die praktische Arbeit und zahlreiche Trial-and-Error-Schleifen für mich herauskristallisiert hat, möchte ich dir in diesem Buch näherbringen und ich lade dich ein, dem zu folgen.

Und auch wenn ich immer ein Freund davon bin, Tipps zu hinterfragen, kann es für dich hilfreich sein, dich ein paar Wochen diesem Trainingsprogramm komplett hinzugeben und einfach zu machen. Spürst du in diesem Zeitraum die ersten Fortschritte, bist du auf dem richtigen Weg. Wenn du dazu bereit und entschlossen bist, in Summe 2-3 zusätzliche Stunden pro Woche in deine fußballerische Entwicklung zu investieren, dann lies gern weiter. Ich habe mein Bestes gegeben, dass sich dieses Investment für dich auszahlt und bin mir sicher, es wird sich lohnen!

Dein Alter und dein Leistungsstand sind dabei nicht relevant. Alle Übungen sind so aufgebaut, dass sie unterschiedliche Schwierigkeitsstufen aufweisen, die du nach und nach bewältigst, um immer wieder neu gefordert zu sein. Du trainierst somit ganz spezifisch an deinem aktuellen Leistungslimit, was deinen Trainings- und Lerneffekt verstärken wird. Entscheidend sind jedoch deine Mentalität und deine Fähigkeit, dich zu reflektieren.

Darum habe ich ein Kapitel zu deinen benötigten Voraussetzungen geschrieben, was wir gemeinsam durchgehen wollen, bevor du richtig tief in die Thematik eintauchst. Darüber hinaus solltest du erst weiterlesen, wenn du alle jene Voraussetzungen erfüllst. Fällt dir das schwer, versuche ich, dich jedoch an die Hand zu nehmen und dich dabei zu unterstützen.

Anschließend möchte ich dir erklären, warum der gesamte Orientierungsprozess und deine visuellen Fähigkeiten im Fußball relevant sind. Erst dann gehen wir in die praktische Umsetzung. Neben den Erläuterungen der Übungen erhältst du parallel Hinweise, wie du die relevantesten Inhalte für dich in deinen individuellen Trainingsplan einbaust. Zudem bekommst du von mir in dem jeweiligen Themengebiet klare Vorgaben, was zum Bewältigen der entsprechenden Challenge erreicht werden muss.

Durch diese Herausforderungen, denen du dich immer wieder neu stellen musst, steigt die Motivation und du wirst regelmäßig kleine Erfolgserlebnisse erzielen. Zu vielen Aufgaben und Tests kannst du zusätzlich unter dem jeweiligen QR-Code Videos finden, die dir ein noch besseres Verständnis der Abläufe verschaffen werden.

In den Trainingsupdates am Ende dieses Buchs kannst du deine Erfolge festhalten und Aktualisierungen des Trainingsplans vornehmen, um den aktuellen Stand auf einen Blick zu sehen. Abschließend habe ich noch ein paar konkrete Umsetzungstipps für dich, die dir helfen, besser und häufiger in die Handlung zu kommen.

Ich war selbst lange ein „fauler Sack" und hatte sehr damit zu kämpfen. Wenn es dir also auch so gehen sollte, sind wir Brüder im Geiste und ich habe vollstes Verständnis. Ein paar der Ansätze, die mir am meisten geholfen haben, bieten dir womöglich auch einen Mehrwert.

Sollten dich diese Schritt-für-Schritt-Anweisungen zu sehr unter Druck setzen und wenn du vom Lesen dieses Kapitels schon „Puls" bekommst, kannst du das Buch stattdessen auch einfach als kreative Anregung für dein eigenes Trainingsprogramm oder deine eigene Entwicklung verstehen.

Aber triff möglichst JETZT eine Entscheidung, welche der Varianten du wählst. Denn das wird die Art und Weise, wie du das Buch liest, wie du die Informationen filterst und wie du dein komplettes Mindset dabei ausrichtest, grundlegend beeinflussen.

☐ Ich nutze das Buch als kreative Anregung.

☐ Ich setze die Übungen konsequent um, damit ich fußballerisch ein neues Level erreiche.

WIE DU AUCH ALS TRAINER VON DIESEM BUCH PROFITIEREN KANNST

Grundsätzlich habe ich dieses Buch geschrieben, um Spielern dabei zu helfen, auf dem Platz eine bessere Leistung zu erzielen. Doch natürlich gibt es auch einige Dinge, die du als Trainer hiervon mitnehmen kannst.

Neben der hoffentlich erreichten Inspiration durch die Inhalte will ich dich vor allem für diesen Aspekt der fußballerischen Leistung sensibilisieren. Wir als Trainer werfen oft mit pauschalen Coachingaussagen um uns – da nehme ich mich selbst definitiv nicht raus. Ich hoffe jedoch, mit diesem Buch ein Verständnis dafür zu schaffen, dass Fehler nicht unbedingt nur daran liegen, dass jemand unkonzentriert oder leichtsinnig ist.

Du wirst im Laufe des Buchs erfahren, dass viele typische „Fehler" von Fußballern (ob das die Technik oder die Entscheidung betrifft) mit einer suboptimalen Wahrnehmung zu tun haben. Und auch, wenn das nur der erste Schritt ist, so hoffe ich, dich dazu einladen zu können, noch ein bisschen genauer zu hinterfragen, warum ein Spieler diesen Fehler immer wieder macht.

Sollte das gelingen, hast du mit diesem Buch hoffentlich ein Werkzeug erhalten, mit dem du herausbekommen kannst, ob diese Defizite möglicherweise in den Bereichen der Wahrnehmung oder der Orientierung liegen. Solltest du das bei einem deiner Spieler feststellen oder das Gefühl haben, dass eine Verbesserung in diesem Gebiet einen Leistungsschub zur Folge haben kann, empfehle ihm gerne dieses Buch. Ein Check des visuellen Systems wird keinem Spieler schaden, aber kann enorme Probleme aufdecken, die man anschließend angehen kann.

Durch die Durchführung der ersten Challenges aus Kap. 5.1 kannst du herausfinden, wie gut der Blickwechsel deiner Spieler zwischen Ball und Umgebung ist. Um Technik UND Übersicht zu haben, ist das eine essenzielle Fähigkeit.

Mit standardisierten Bedingungen (z. B. identischer Wandabstand und 30 Sekunden Zeit) kannst du sogar deine gesamte Mannschaft testen und die Anzahl der erreichten Pässe vergleichen, um daraus Schlüsse in Bezug auf das Leistungslevel deiner Spieler auf diesem Gebiet zu ziehen.

Es gibt verschiedenste Spielertypen, die ganz besonders von diesen Ansätzen profitieren können. Natürlich ist die Übersicht und der Orientierungsprozess vor allem für zentrale Spieler wichtig und für Offensivspieler, die häufig mit dem Rücken zum gegnerischen Tor agieren.

Bist du im Nachwuchsbereich tätig, so gibt es zudem häufig Spieler, die als körperliche Spätentwickler athletisch benachteiligt sind und andere Lösungen benötigen, um weniger in klassische Zweikämpfe oder Laufduelle gehen zu müssen. Hiermit gibst du ihnen weitere Werkzeuge dafür an die Hand.

Aber auch Spieler, die hauptsächlich über ihre Athletik kommen, könnten eine weitere Komponente ihrem Spiel hinzufügen, um durch bessere Entscheidungen ihre körperliche Präsenz noch zielgerichteter für die Mannschaft einsetzen zu können.

DU bist der Coach und wirst am besten wissen, welchen Spieler du mit Input oder Hinweisen aus diesem Themengebiet verbessern kannst oder wem du es nahelegen solltest, mit diesem Trainingsprogramm zu starten. Ich möchte jedoch noch einmal betonen, dass dieses Buch keine Vollständigkeit gewährleisten kann und dies meine persönliche Herangehensweise ist, die sich für mich und meine betreuten Spieler in der Praxis bewährt hat.

Du kannst gerne auch jeden anderen Ansatz ausprobieren und deine Schlüsse daraus ziehen, aber wenn du nur eine oder zwei Ideen aus diesem Buch in deine Analyse des Spiels mitnimmst, dann freut es mich, dass ich dir damit weiterhelfen konnte.

DEINE VORAUSSETZUNGEN FÜR DIE TRAININGSPHASE

2.1 WELCHE MATERIALIEN DU BENÖTIGST

In der folgenden Checkliste findest du nun alle Materialien, die du für dein erfolg-reiches Training mit diesem Buch brauchst. Du findest die jeweiligen QR-Codes in den entsprechenden Kapiteln.

Einen Brock-String mit mindestens zwei Metern Länge solltest du dir auf jeden Fall anschaffen. Das ist mein Lieblingstool für das visuelle Training und finanziell abso-lut erschwinglich. Im weiteren Verlauf werde ich dich immer wieder darauf aufmerk-sam machen, welche Materialien du benötigst und wo du sie findest.

Wenn die Checkliste abgearbeitet ist, können wir im nächsten Kapitel mit deinen mentalen Voraussetzungen fortfahren.

Equipmentbox

Checkliste – Was du für das Training brauchst . . .

- Fußball (plus Option, ihn mit verschiedenen Farben zu markieren)
- Passwand (der Ball soll berechenbar zurückspringen können)
- Verschiedenfarbige Hütchen (oder andere Markierungen)
- Handy oder Tablet (Farben-Tools, Metronom-App etc.)
- Farben-Tool (QR-Code auf Seite 222)
- Ausgedruckte Trainings-Charts (QR-Code im jeweiligen Kapitel)
- Brock-String

2.2 VOLLE VERANTWORTUNG – SEI KEIN OPFER

Vielleicht kennst du es von dir selbst, vielleicht von Mitspielern, Verwandten oder Freunden. Ein großer Teil der Menschen ist nicht bereit, für ihr Leben oder ihre aktuelle Situation die volle Verantwortung zu übernehmen.

- Hast du dich schon mal darüber aufgeregt, dass dich der Trainer nicht oft genug einsetzt?

- Oder dass ein Mitspieler nicht genug leistet?

- Oder einfach über das Wetter?

- Worüber regst du dich aktuell am meisten auf?

Doch so nachvollziehbar das menschlich auch ist, so wenig bringen uns diese Schuldzuweisungen weiter – ob es das nächste Spiel, deine fußballerische Entwicklung oder eine andere Situation in deinem Leben betrifft. Denn wem du die Schuld gibst, gibst du die Macht!

Du selbst wirst nur dann etwas positiv beeinflussen können, wenn du die 100-%ige Verantwortung dafür übernimmst. Dabei geht es nicht um „Schuld" oder „keine Schuld". Entscheidend ist es, die Lage – wie gut oder schlecht sie auch momentan erscheint – anzunehmen und das Beste aus den Gegebenheiten zu machen.

In jeder noch so verfahrenen Situation hast du drei Optionen:

LOVE IT, CHANGE IT or LEAVE IT
(Wörtlich übersetzt: Liebe es, verändere es oder verlasse es.)

Nehmen wir einmal die beispielhafte Situation, dass du gerne im Spielfeldzentrum als Sechser, Achter oder Zehner spielst, dein Trainer dich jedoch regelmäßig auf dem Flügel einsetzt.

Love it

Statt dich darüber aufzuregen, dass du dort nicht spielen möchtest und Wut auf den Trainer aufzubauen, könntest du das Positive an deiner aktuellen Situation sehen bzw. suchen.

- Welche Vorteile kann es für dich haben, jetzt auf dem Flügel zu spielen?

- Welche Chancen liegen darin?

Vielleicht kannst du dich als Fußballer in Bereichen weiterentwickeln, die bis jetzt nicht zu deinen Stärken gehört haben. Du kommst öfter in die Situation, dich im offensiven 1 gegen 1 zu messen. Du erkennst durch vermehrte Laufduelle auf dem Flügel vielleicht die Bedeutung deiner Schnelligkeit im Fußball und beginnst nun, vermehrt daran zu arbeiten. Vielleicht bist du auch an mehr Toren beteiligt, weil du öfter in Situationen zum Flanken oder zum Hereinziehen und Abschließen kommst.

Change it

Eine weitere Möglichkeit besteht darin, deine Situation zu verändern. Wenn wir bei diesem Beispiel bleiben, könntest du das Gespräch mit deinem Trainer suchen. Auch hier solltest du Verständnis für seine Entscheidung aufbringen und jegliche Schuldzuweisungen vermeiden. Du erinnerst dich: Wem du die Schuld gibst, gibst du die Macht.

Versuche stattdessen, nachzuvollziehen, was ihm wichtig ist und warum er dich dort sieht. Wenn du das verstehst, wird es dir leichter fallen, Argumente zu finden, warum es für deinen Trainer und dein Team ein Vorteil ist, wenn du im Zentrum spielst.

Du könntest ihn ebenso fragen, ob du dich im Training oder in einem Testspiel mehr auf deiner Wunschposition beweisen darfst. Wenn ja, liegt es in deiner Hand, ob du dort ablieferst oder nicht. Selbst wenn er dich nicht im Zentrum aufstellt, kannst du ihm vielleicht den Vorschlag machen, einen offensiven Außenverteidiger hinter dir aufzustellen, damit du häufiger bei Ballbesitz deines Teams ins Zentrum rücken kannst (weil der Außenverteidiger die Breite besetzt), um dort deine Stärken einzubringen.

Wenn dein Trainer nichts Gegenteiliges erwartet, kannst du stattdessen sogar direkt mit deinem Außenverteidiger sprechen, in welchen Situationen er höher stehen sollte, damit du selbst einrücken kannst. Das sind jetzt schon ein paar taktische Details, aber wenn du auf einem gewissen Level spielst, wirst du verstehen, was ich meine. Doch unabhängig davon sind das alles nur einige Ideen für dieses konkrete Beispiel.

Entscheidend ist es, dass du dir immer selbst die Frage stellst, was DU tun kannst, um die Situation zu verändern. Die Frage, was andere dafür tun können, hilft dir im Fußball und im Leben nur selten weiter.

Leave it

Wenn du die Situation weder „lieben" noch „verändern" kannst, hast du immer die Wahl, dem Ganzen zu entgehen. Ob ein Vereinswechsel oder die Schuhe an den Nagel zu hängen für dich attraktiv ist, kann ich nicht beurteilen. Letzteres wahrscheinlich nicht, wenn du dieses Buch liest. Aber darum geht es auch nicht. Es geht nur darum, dass du immer diese drei Optionen hast, aus denen du persönlich komplett frei wählen kannst.

Solltest du also im Laufe dieses Trainingsprogramms aufkommende Gedanken erkennen, die dir zeigen, dass du aktuell nicht die volle Verantwortung für dich, dein Leben, deine Entwicklung oder dein Trainingsprogramm übernimmst, kehre zu diesem Kapitel zurück und finde eine Lösung.

■ Das Wetter ist schlecht zum Trainieren?

Love it

Sieh es als Chance. Im Spiel hast du auch mal schlechtes Wetter, worauf du dich hiermit vorbereiten kannst.

Change it

Besorge dir eine Regenjacke und ziehe dich dick an. Oder organisiere dir eine Trainingsumgebung, wo du überdacht trainieren kannst.

Leave it

Lasse das Training ausfallen, aber entscheide dich bewusst dafür. Übernimm dafür Verantwortung. Die anderen Optionen wären möglich gewesen. Deshalb heule nicht rum und beschwere dich nicht, weil das Wetter schlecht ist. Es bringt dich einfach nicht weiter.

Damit alle Ausreden verschwinden können, nehmen wir noch ein weiteres Beispiel.

- Du verstehst eine Übung nicht so richtig? (Das ist ein rein fiktives Beispiel zum Verständnis. Ich hoffe natürlich, dass das nicht vorkommt.)

Love it

Probiere die Übung aus und schaue, ob sie dir etwas bringt. Probiere aus, wie sie vielleicht noch gemeint sein könnte.

Change it

Frage jemanden um Rat (Eltern, Mitspieler, Trainer). Vielleicht weiß jemand anderes, wozu das gut sein soll. Oder finde einen Weg, um mich zu kontaktieren, um nachzufragen. In Zeiten von Social Media sollte das keine Schwierigkeit darstellen.

Leave it

Überspringe die Übung, aber entscheide dich bewusst dafür. Suche keine Ausreden! Die anderen Varianten wären möglich gewesen. Die Übung war dir den Aufwand nicht wert. Das ist vollkommen in Ordnung, solange du es als deine freie Entscheidung anerkennst.

Eine Sache möchte ich dir noch unbedingt mitgeben. Das ist mir besonders wichtig, weil mir dadurch selbst vor ein paar Jahren die Augen geöffnet wurden.

Das Video, welches du unter dem QR-Code findest, hat einen großen Teil dazu beigetragen, dass ich selbst aus meiner Opferrolle herausgekommen bin und jetzt volle Verantwortung für mein Leben übernehme, selbst wenn ich garantiert hier und da meine blinden Flecken habe.

Natürlich ist es manchmal bitter, wenn man feststellt, irgendwo gescheitert zu sein oder man im Nachhinein eigene Fehler eingestehen muss. Aber es ist ein befreiendes Gefühl, zu wissen, dass man die Dinge in der Hand hat und daraus lernen kann. Dass man selbst entscheidet, wie es weitergeht. Dass man sich in jeder noch so aussichtslosen Situation kreative Lösungen überlegen kann.

Wem du die Schuld gibst, gibst du die Macht. Und ich habe die Macht für mein Leben am liebsten in der eigenen Hand. Ich hoffe, du auch!

https://www.youtube.com/watch?v=cqCB9YPG2xQ&t=17s

2.3 REFLEXIONSFÄHIGKEIT –
FRAGEN ÜBER FRAGEN

Da wir nicht direkt auf dem Platz zusammenarbeiten, ist es für die Umsetzung dieser Inhalte von großer Bedeutung für dich, dass du in der Lage bist, deine eigene Leistung einzuordnen und dein eigenes Spiel zu reflektieren. Ich versuche, dir dabei mit diesem Kapitel zu helfen. Ich möchte dich bezüglich der Aspekte sensibilisieren, die dich dabei unterstützen, deine eigenen Ergebnisse des Trainings beurteilen zu können.

Beantworte dafür bitte den folgenden Fragebogen ganz ehrlich. Wenn du einen Punkt nicht klar beurteilen kannst, weil du noch nie darauf geachtet hast, was, nebenbei bemerkt, vollkommen in Ordnung ist, dann kreuze bitte „weiß nicht" an. Alles bezieht sich sowohl auf Spiele als auch auf Spielsituationen im Training.

Tab. 1: Reflexionsfragebogen

Lies dir bitte die kommenden Aussagen durch und kreuze an, wie häufig du es schaffst, diese Punkte umzusetzen. Sei bitte 100 Prozent ehrlich zu dir selbst, weil ich dir nur dann den optimalen Trainingserfolg zusichern kann.	Weiß nicht	Nie	Manchmal	Häufig	Immer
1. „Bevor ich einen Pass bekomme, schaue ich, während der Ball schon unterwegs ist, noch einmal, was hinter meinem Rücken passiert."					
2. „Bei meinem ersten Kontakt halte ich meine Augen auf den Ball fixiert."					
3. „Bevor der Ball zu mir gespielt wird, stehe ich in einer offenen Stellung, sodass mein Oberkörper in die Spielrichtung (bzw. in Richtung gegnerisches Tor) zeigt."					
4. „Beim Kopfball halte ich die Augen offen und blicke während des Kontakts direkt auf den Ball."					
5. „Wenn ich mit dem Ball dribble, halte ich den Kopf oben, um nach der besten Lösung Ausschau zu halten."					
6. „Während meine Mitspieler sich den Ball untereinander zuspielen, schaue ich mich um, was um mich herum passiert."					
7. „Wenn ich ohne Ball im hohen Tempo laufe oder sprinte, schaue ich mich gleichzeitig um, was meine Mit- und Gegenspieler machen."					
8. „Beim Torschuss blicke ich direkt beim Kontakt auf den Ball und halte den Blick dort, bis der Ball den Fuß verlassen hat." Für Torhüter: „Beim Abstoß und Abschlag blicke ich direkt beim Kontakt auf den Ball und halte den Blick dort, bis der Ball den Fuß verlassen hat."					
9. „Wenn ich im Spiel nach vorne schaue (oder nach unten auf den Ball), bekomme ich trotzdem mit, was links und rechts von mir geschieht."					
10. „Einen hohen Ball bekomme ich mit meinem ersten Kontakt ideal kontrolliert, sodass ich keine Zeit verliere."					
11. „Wenn ich den Ball von meinem Mitspieler fordere, begebe ich mich in eine diagonale Position, statt direkt und gerade auf den ballführenden Spieler zuzulaufen."					
12. „Vor meinem ersten Kontakt erkenne ich genau, wie und in welche Richtung ich den Ball mitnehmen muss."					
13. „Beim Kopfball ist mein Timing so gut, dass ich den Ball am höchsten Punkt treffe." Für Torhüter: „Bei Flanken ist mein Timing so gut, dass ich den Ball am höchsten Punkt abfange."					
14. „Wenn die gegnerische Mannschaft in Ballbesitz ist, schaue ich mich um, was neben und hinter mir passiert."					
15. „Beim Passen fixiere ich mit meinem Blick den Ball im Moment des Ballkontakts."					
16. „Wenn ich mit dem Ball dribble, weiß ich genau, ob ich von hinten attackiert werde und wie viel Zeit ich für die nächste Aktion habe."					
17. „Vor einem Torschuss sehe ich genau, wo der Torhüter und eventuell die Verteidiger stehen und weiß genau, in welche Ecke ich schießen muss."					
18. „Im Spiel gegen den Ball weiß ich, welche Gegenspieler sich wo in meinem Rücken bewegen."					

Reflexionsfragebogen

Wie viele Fragen konntest du nicht beantworten?

_____

Welche drei Bereiche kannst du am besten umsetzen?

_____

_____

_____

*Welche drei Bereiche kannst du bis jetzt am wenigsten umsetzen
(oder einschätzen)?*

_____

_____

_____

WICHTIG

Wir wollen hier gemeinsam checken, ob du die notwendigen Voraussetzungen für das kommende Training hast. Natürlich kannst du dich theoretisch auch ohne diese Voraussetzungen an die kommenden Bereiche wagen. Doch dein Nutzen davon wird deutlich geringer sein.

Deshalb:

Solltest du bis jetzt fünf oder mehr der oben stehenden Fragen nicht beantworten können, lies bitte zunächst NICHT über dieses Kapitel hinaus weiter.

Um mehr aus diesem Trainingsprogramm herauszuholen, möchte ich dir zunächst helfen, verschiedene Aspekte besser beurteilen zu können. Dafür habe ich dir ein Trainingsjournal unter dem QR-Code vorbereitet. Arbeite damit in den nächsten Wochen vor und nach jedem Training und Spiel und nach jeder Trainingswoche testet du erneut, ob du den Fragebogen präziser für dich beantworten kannst.

Es ist nicht schlimm, sondern ganz normal, wenn das anfangs ein paar Wochen dauert. Nimm dir die Zeit und gehe erst dann zu den Trainingskapiteln, wenn du an dem Punkt angelangt bist, dass du dieses angesprochene Verhalten auf dem Platz für dich selbst beurteilen kannst. Diese Einschätzung ist die Basis für deine eigene Beurteilung darüber, ob du eine Challenge bewältigt hast oder nicht.

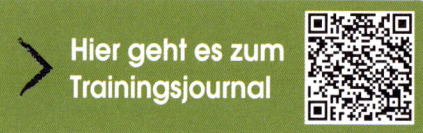

Hier geht es zum Trainingsjournal

https://download.m-m-sports.com/extras/360_Grad_Fussballer/Trainingsjournal.pdf

2.4 ZEITLICHE ANFORDERUNGEN

Wenn du am Gesamtpaket arbeiten möchtest, das ich dir in den nächsten Kapiteln vorstellen werde, solltest du bereit sein, mindestens zwei zusätzliche Stunden pro Woche in deine fußballerische Entwicklung zu investieren. Zudem solltest du die schon bisher in den Fußball investierten Zeiten auch in Kombination mit diesem Trainingsprogramm nutzen.

Konkret heißt das nach meiner Empfehlung für deine zeitliche Planung:

- Täglich mindestens 10 Minuten Visualtraining

- Mindestens eine Stunde pro Woche, aufgeteilt in mindestens zwei Blöcke (Individualtraining)

- Eine Minute vor und zwei Minuten nach deinem Mannschaftstraining (Sensibilisierung und Reflexion der Fokusaufgaben)

- Eine Halbzeit pro Woche Fußball schauen im TV (Scantraining)

2.5 VISUELLE VORAUSSETZUNGEN

Die visuellen Voraussetzungen werden eigentlich – auch wenn ich das Wort nicht mag – erst im Trainingskapitel relevant. Dennoch kann es praktisch sein, das jetzt schon einmal anzugehen.

Um guten visuellen Input zu erhalten, ist es wichtig, dass du unter dem Setting visuell trainierst und testest, mit dem du auch im Fußball unterwegs bist. Denn unser gesamtes Nervensystem, von dem alle Entscheidungen und Bewegungen ausgehen, arbeitet extrem spezifisch. Das heißt, die Trainingssituation sollte möglichen Spielsituationen so stark wie möglich ähneln. Je besser die Grundlagen ohne Belastung funktionieren, umso spezifischer werden wir in ihrer Anwendung.

Ein erster entscheidender Faktor ist deine **Sehschärfe**. Wenn du im Spiel oder Training Kontaktlinsen benötigst, solltest du diese auch nutzen, wenn wir am visuellen System arbeiten oder du Individualtraining durchführst. Das Gleiche gilt natürlich auch, wenn du zu den wenigen Spielern gehörst, die mit einer Brille spielen. Auch dann solltest du mit dieser Brille die Übungen dieses Buchs durchführen. Ich würde dir in diesem Fall jedoch klar zu Kontaktlinsen raten, da eine Brille dein Blickfeld automatisch einschränkt.

Hinweis zum Sehtest

Solltest du bis jetzt keine Sehhilfe (Brille oder Linsen) benötigen, solltest du dennoch zumindest einmal im Jahr einen Sehtest durchführen, um abzuchecken, ob die Sehschärfe noch auf einem stabilen Level ist. Das empfehle ich dir, JETZT schon anzugehen, um gut vorbereitet zu sein, wenn du bei den Trainingskapiteln ankommst. Als kleiner Test für dich eignet es sich, dass du einmal darauf achtest, ob du die Nummern von allen Spielern klar erkennen kannst, obwohl du komplett auf dem anderen Flügel stehst.

Oft geschehen Veränderungen in diesem Bereich sehr schleichend, sodass man sie kaum wahrnimmt. Auch ich trug bis Mitte 20 lange keine Brille, obwohl meine Augen nach dem letzten Test (beim Führerschein) nach und nach schlechter wurden. Es fühlte sich einfach an, als wäre das, wie ich meine Umgebung sehe, vollkommen normal. Und wenn ich etwas nicht sehen konnte, dann war es aus meiner Sicht einfach zu klein oder zu weit weg.

Erst als ich nach einem neuen Sehtest eine neue Brille trug, stellte ich den gigantischen Unterschied fest. Und um ehrlich zu sein, zögere ich eine neue Anpassung meiner Brille auch aktuell schon zu lange heraus. Durch viel Arbeiten an Bildschirmen hat sich das nach und nach verschlechtert.

Bei mir wird es jedoch fußballerisch mit Anfang 30 nicht mehr für die höchsten Ligen reichen. Darum orientiere dich nicht an meinen Fehlern, sondern sei cleverer als ich.

■ Warum ist aber die Sehschärfe eigentlich so wichtig für dein Fußballspiel?

Nun, zum einen natürlich, um die Informationen in größerer Entfernung (Tor, Keeper, Spieler auf dem anderen Flügel) gut und klar wahrzunehmen. Aber nicht nur das. Eine schlechte und nicht korrigierte Sehschärfe beeinflusst stark die anderen visuellen Fähigkeiten. Zu denen kommen wir in Kap. 8 noch im Detail.

Ein Spieler, mit dem ich schon lange zusammenarbeite, benötigte zum Beispiel eine Kontaktlinse im linken Auge, weil die Sehschärfe dort deutlich schlechter als rechts war. Beim ersten Test vergaß er, die Kontaktlinse reinzumachen, sodass wir einige Tests ohne und später noch einmal alle mit Linse gemacht haben.

Was wir feststellten: Sein peripheres Sehen, also das Wahrnehmen von Informationen außerhalb des scharfen Sichtbereichs, war beim Test ohne Kontaktlinse stark eingeschränkt, vor allem auf der linken Seite. Sein dreidimensionales Sehen war extrem instabil. Das führt dazu, dass er Distanzen von Spielern und auch die Geschwindigkeit des Balls schlechter einschätzen kann, was wiederum zu technischen Fehlern führen kann.

Du siehst also, dass es sinnvoll ist, dich zeitnah darum zu kümmern. Vereinbare einfach einen Testtermin bei einem Optiker. Du kannst deine Sehschärfe bei fast allen kostenlos testen lassen. Jetzt hast du die Voraussetzungen für das, was folgt, hoffentlich gewissenhaft für dich abgearbeitet und kannst dich nun mit Motivation und Zuversicht in die kommenden Aufgaben stürzen.

2.6 VERPFLICHTUNGSERKLÄRUNG DIR SELBST GEGENÜBER

Hiermit verpflichte ich, _____

mich mir selbst gegenüber dazu, dieses Trainingsprogramm mit vollem Einsatz, Konzentration und Freude umzusetzen, um meine fußballerischen Ziele zu erreichen. _____

Mein Traum - was erreiche ich langfristig im Fußball?

_____

Meine Ziele in den nächsten sechs Monaten:

_____

Das tue ich dafür in den nächsten Monaten wöchentlich:

_____

Um das zu erreichen, mach ich heute den ersten Schritt, indem ich . . .

_____

_____

Ort, Datum   Unterschrift

3

WARUM IST DIE WAHRNEHMUNG IM FUSSBALL WICHTIG?

Jede sportliche Handlung besteht grundsätzlich aus drei Schritten. Wir rollen das Ganze mal von hinten auf. Das, was am Ende jeder zu sehen bekommt, ist die Ausführung. Also, wie ein Spieler letztendlich läuft, passt, schießt oder auf sonstige Weise einen Plan motorisch umsetzt. Das ist auch der offensichtlichste Schritt und somit derjenige, über den am meisten gesprochen wird, wenn eine fußballerische Leistung von Zuschauern, Trainern oder TV-Experten bewertet wird.

- Doch was muss vor der technischen Ausführung passieren?

Es muss eine Entscheidung getroffen werden. Diese Entscheidung wird mal bewusst und mal unbewusst getroffen. Letzteres bezeichnen wir meist als „automatisiert". Solche Entscheidungen werden deutlich schneller ausgeführt, als die bewusst ab-gewogenen.

In den letzten Jahren zieht eine Beurteilung auf Basis der Entscheidungen immer mehr in die Köpfe der Fußballfans ein. Ob bei TV-Experten, die mit technischen Hilfsmitteln zeigen, wie ein Spieler sich hätte besser entscheiden können, oder im Amateurtraining oder als Taktikblogger – die Betrachtung der Taktik und der Entscheidungen rückt seit einigen Jahren immer mehr in den Blickpunkt.

Diese Entscheidungen werden im Fußball sowie auch in jeder anderen Sportart immer auf Basis der eigenen Erfahrungen im Zusammenspiel mit den taktischen Vorgaben getroffen. Um jedoch in der jeweiligen Situation zu entscheiden, welchen bisherigen Erfahrungen diese Spielsituation ähnelt oder ob die taktische Variante A oder B des Trainers angemessen umgesetzt werden kann, ist eine Fähigkeit enorm wichtig, ohne die im Fußball keine sportliche Handlung auskommt – die **Wahrnehmung**.

Wenn ich schnelle und gute Entscheidungen auf dem Platz treffen möchte, ist es zwingend notwendig, eine gute und schnelle Wahrnehmung zu haben.

- Doch was heißt das eigentlich genau?

Zur Wahrnehmung gehören unter anderem die klassischen fünf Sinne (Sehen, Hören, Schmecken, Tasten, Riechen). Weiterhin spielt für unseren Organismus auch das vestibuläre (Gleichgewicht) und das propriozeptive System (Tiefensensibilität) eine große Rolle.

Aus allen diesen Informationen bastelt unser Gehirn ein Gesamtbild über die Situation und ist auf Basis dessen in der Lage, eine Entscheidung zu treffen. Wenn ich in den weiteren Kapiteln von *Wahrnehmung* spreche, ist dabei vor allem die *visuelle Wahrnehmung* gemeint, die einen Großteil des gesamten Inputs ausmacht.

Wenn du nicht siehst, wie weit der Gegenspieler in deinem Rücken entfernt ist, wirst du höchstens zufällig die richtige Entscheidung treffen, ob du dich mit dem ersten Kontakt aufdrehst oder den Ball klatschen lässt. Wenn du dribbelst und nur den Blick auf dem Ball hältst, wirst du den richtigen Zeitpunkt für dein Abspiel wahrscheinlich nicht treffen. Oder du siehst nicht, welcher Mitspieler die beste Option darstellt, um das Spiel fortzusetzen.

Wenn du beim Abschluss nur nach deinem Gegenspieler und nach dem Tor schaust, wird es dir dagegen schwerfallen, den Ball mit einer guten Schusstechnik genau zu platzieren, da der Fokus auf das Spielgerät verloren geht.

Wie du hier siehst, spielt deine visuelle Wahrnehmung in vielen Spielsituationen eine entscheidende Rolle. Denn bei jeder sportlichen Handlung gilt diese Reihenfolge:

| **Schritt 1:** | **Schritt 2:** | **Schritt 3:** |
| Wahrnehmung | Entscheidung | Umsetzung |

Abb. 1: Schritte sportlicher Handlungen

Und da das Spieltempo im Fußball immer höher wird und athletisch die Grenze so langsam erreicht zu sein scheint, liegt in Zukunft nach Ansicht vieler Experten das größte Entwicklungspotenzial im Kopf. Im Bereich der kognitiven Ansätze ist in den letzten Jahren viel passiert. Ob Life Kinetik® oder zunehmendes Training der taktischen Entscheidungsprozesse – kognitives Training ist auf dem Vormarsch (siehe Memmert, 2019). Das Training des visuellen Systems kommt aktuell erst nach und nach durch das immer weiter verbreitete Neuro-Athletik-Training in den Blickpunkt.

Mein Ziel ist es, die verschiedenen Ansätze aus diversen Bereichen für dich fußballspezifisch so aufzubereiten, dass deine Wahrnehmung, Orientierung und Übersicht auf dem Platz optimiert werden können und du somit bessere und schnellere Entscheidungen treffen kannst. Ich möchte dir helfen, dadurch zu einem besseren Fußballspieler zu werden.

3.1 WAS DEIN POSITIONSSPIEL MIT DEINER ÜBERSICHT ZU TUN HAT

Deine visuelle Wahrnehmung ist auf taktischer Ebene stark von deinem Positionsspiel abhängig. Damit meine ich konkret die Phasen, in denen du dich ohne Ball bewegst, während deine Mannschaft in Ballbesitz ist. Von deiner Positionierung in Bezug auf das Spielfeld und den ballbesitzenden Mitspieler hängt vor allem der Winkel ab, über den du dich aufdrehen müsstest, um das komplette Spiel vor dir zu haben.

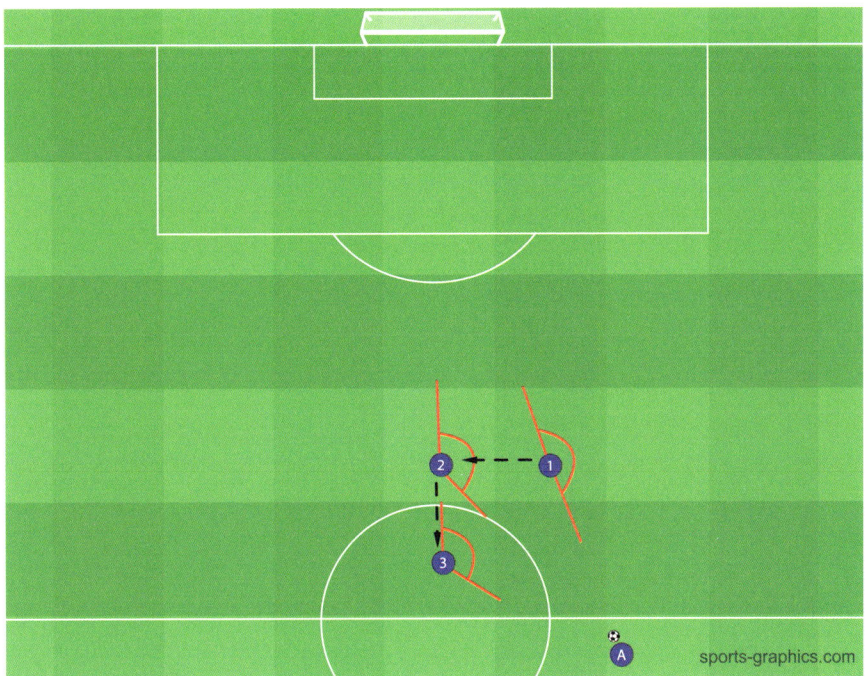

Abb. 2: Winkel durch Positionierung

Wie du in Abb. 2 erkennen kannst, ändert sich durch die Anpassung der Position um ein paar Meter in horizontaler oder vertikaler Ebene dein Winkel zwischen Passgeber und Tor enorm. Wenn du statt in Position 1 zu bleiben, einige Meter ins Zentrum auf Position 2 gehst, verkleinert sich der Winkel zum Tor (als Ziel des Spiels) von circa 180 Grad auf in diesem Beispiel circa 140-160 Grad. Lässt du dich von dort ein paar Meter nach hinten fallen auf Position 3, kann sich der Winkel auf 100-120 Grad verkleinern.

■ Doch was heißt das jetzt konkret für dein Spiel?

Je kleiner dieser Winkel ist, desto geringer ist die Drehung, die du mit deinem ersten Kontakt machen musst, um das Spiel möglichst zielstrebig zum Tor fortzusetzen. Je kleiner dieser Winkel ist, desto besser kannst du deinen Körper „offen" positionieren (mehr dazu im nächsten Kapitel). Je kleiner dieser Winkel ist, desto geringer ist die Drehung, die du mit deinem Kopf machen musst, um im Wechsel den Ball und die zentralen (offensiven) Bereiche des Spielfeldes wahrzunehmen oder um den anderen Flügel zu erkennen.

Wenn du das im passenden Timing schaffst und deine Position in Abhängigkeit von Mit- und Gegenspielern optimal anpassen kannst, erleichtert das dir, möglichst schnelle und möglichst gute Entscheidungen zu treffen.

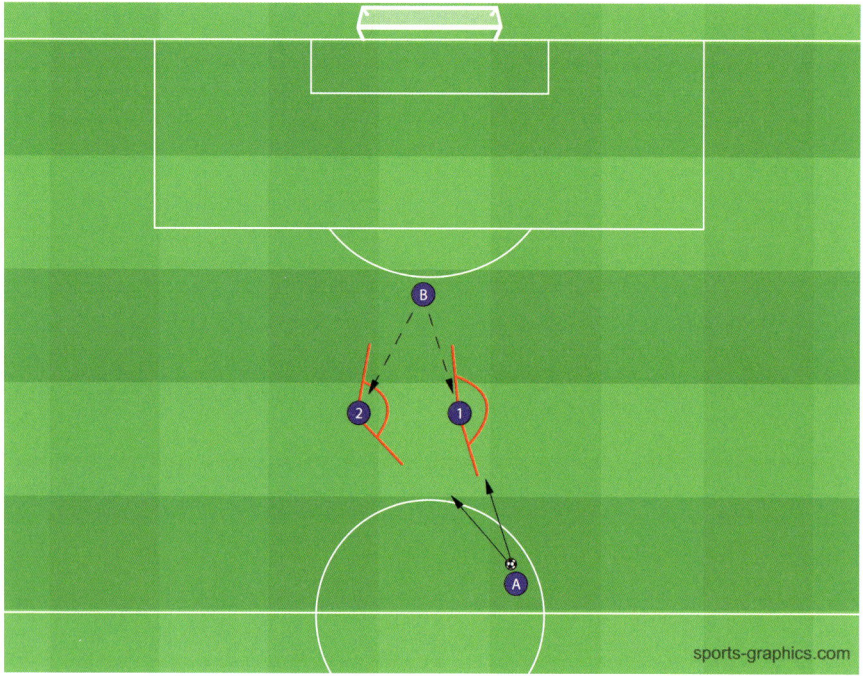

Abb. 3: Anbieteverhalten in verschiedenen Winkeln

Schauen wir uns eine Beispielsituation mit Bewegung von dir als sich anbietenden Spieler an. Wenn du wie in Abb. 3 direkt auf den ballführenden Spieler zugehst, um dich anzubieten (Laufweg 1), bleibt dein Winkel für die Spielfortsetzung nach vorne und somit auch dein Winkel zur Informationsaufnahme aus den offensiven Bereichen relativ schlecht und kann durch die zunehmende Nähe sogar noch schlechter werden. Dennoch sieht man auch auf hohem Niveau häufig Spieler, die sich auf diese Weise anbieten.

Dieser Weg kann durchaus sinnvoll sein, wenn der Abstand zwischen dir und dem Passgeber noch relativ groß ist und du durch eine Ablage auf einen Spieler zwischen euch die Situation so lösen kannst, dass ein Mitspieler den Ball von vorne bekommt und somit direkt das ganze Spiel vor sich hat. Und manchmal ist nur ein solcher Weg möglich, durch die Anordnungen von Mit- und Gegenspielern.

Ansonsten ist es sehr häufig empfehlenswert, Laufweg 2 zu wählen, der dafür sorgt, dass du dich in Bezug zum ballführenden Mitspieler seitlich bewegst, wodurch sich der Winkel zum Tor verkleinert, je weiter du den Weg machst. Wenn dieser Passweg offen ist, sorgt diese Positionierung dafür, dass du besser erkennst, was vor dir passiert und du schneller das Spiel nach vorne fortsetzen kannst, auch wenn du selbst womöglich etwas tiefer stehst.

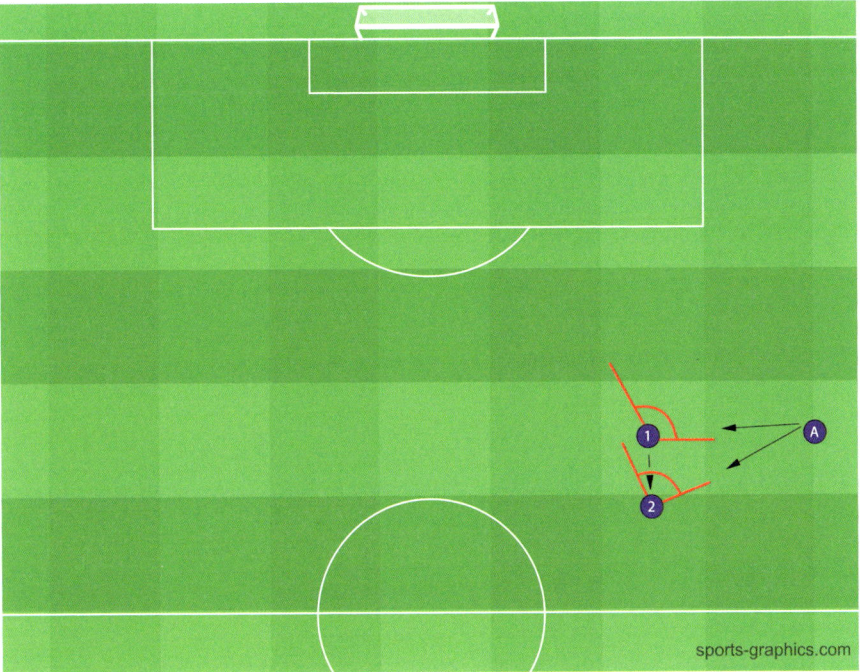

Abb. 4: Absetzen für bessere Blickwinkel

Auch das Absetzen nach hinten sorgt neben dem Vorteil, dass du mehr Platz bekommst, für einen besseren Blickwinkel auf relevante Feldbereiche für offensive Spielfortsetzungen. Du kannst in Abb. 4 erkennen, wie sich die Blickrichtungen unterscheiden.

Wir nehmen eine Situation, in der der ballbesitzende Mitspieler auf deiner Höhe steht, um es deutlich zu machen. Bei Position 1 siehst du, wie du tendenziell sehr stark zur Seite schauen musst, um den Ball zu sehen. Je weiter du dich nach hinten absetzt zu Position 2, desto eher wird der Blick zum Ball gleichzeitig eine Orientierung nach vorne. Dadurch verkleinert sich automatisch auch der Winkel und der Energieaufwand für deine Kopfdrehung zwischen Ball und den Zielbereichen in der Offensive.

Natürlich ist es nicht sinnvoll, bis zu deinem Torwart zu laufen, um den Blickwinkel zu perfektionieren. Aber das Absetzen ein paar Meter nach hinten kann deine Orientierung und deine Spielfortsetzung deutlich erleichtern. Die Voraussetzung ist dabei immer, dass die Räume vor dir auch durch Mitspieler besetzt sind und nicht du derjenige bist, der gerade einen Laufweg in die Tiefe starten sollte.

Stark vereinfacht

Das alles ist sehr einfach heruntergebrochen und ist natürlich in dieser Ausführung nicht komplett mit der Komplexität des Spiels gleichzusetzen. Letztendlich ist deine Position immer in Abhängigkeit von Mit- und Gegenspielern zu betrachten. Oft sind es nur wenige Meter vor und zurück, links oder rechts, um die Winkel ein kleines bisschen zu optimieren.

Wenn du Tipps für deine konkrete Positionierung in für dich üblichen Spielsituationen benötigst, dann suche am besten das Gespräch mit deinem Trainer. Inzwischen können viele Trainer (auch im Amateur- und Jugendbereich) in diesen taktischen Details gut weiterhelfen.

3.2 DEINE KÖRPERSTELLUNG UND DER ERSTE KONTAKT

In den letzten Jahren wird der Begriff der „offenen Stellung" immer häufiger verwendet. Speziell viele Jugendtrainer legen darauf immer mehr Wert. Für den Fall, dass der Sinn dahinter dir nicht sowieso klar ist, möchte ich in diesem Kapitel noch einmal kurz erläutern, warum deine Körperstellung so wichtig ist und was sie mit deiner Wahrnehmung zu tun hat.

Da man meistens in Situationen von der „offenen Stellung" spricht, in denen du näher zum gegnerischen Tor stehst als der Passgeber, möchte ich das vor allem am Beispiel einer solchen Situation erklären.

Zum einen verändert sich durch deine Körperposition der Winkel der Drehung, die notwendig ist, um in Richtung Tor das Spiel fortzusetzen. In der ersten Bildreihe erkennst du, dass die Körperdrehung für den ersten Kontakt nach vorne deutlich größer ist, als in der zweiten. Das erhöht zum einen die technische Anforderung. Du machst es dir also unnötig schwer, aufzudrehen.

Abb. 5a-d: Bildreihe großer Winkel

Abb. 6a-d: Bildreihe kleiner Winkel

Aber was für unser Thema hier natürlich noch viel wichtiger ist: Du machst es dir mit einer „geschlossenen Stellung" deutlich schwerer, zu erkennen, was sich hinter deinem Rücken abspielt. Das sorgt dann wiederum dafür, dass deine Entscheidungen höchstens zufällig richtig sind, wenn du die Spielsituation nicht erkennen und bewerten konntest. Wenn du es trotzdem schaffst, alles in deinem Rücken zu erkennen und entsprechend zu reagieren, war es höchstwahrscheinlich langsamer und energieaufwendiger als in einer offenen Stellung.

Deine Halswirbelsäule, auf der ja bekanntlich dein Kopf obendrauf sitzt, hat für die Rotation nach links und rechts jeweils ein Bewegungsausmaß von 60-80 Grad. Dabei gilt es jedoch zu bedenken, dass der Stress in deiner Halswirbelsäule immer größer wird, je weiter du in die Endpositionen der Bewegung kommst.

Deine Halswirbelsäule spielt sowohl für deine Augen als auch für dein Nervensystem eine große Rolle. Darum solltest du durch ein frühzeitiges Aufdrehen des Körpers in die Ziel- oder Spielrichtung dafür sorgen, dass du weniger dazu gezwungen bist, bei der Vororientierung in eine Extremposition deiner Halswirbelsäule zu gehen. Das erreichst du durch eine offenere Stellung.

Nun mag der eine oder andere kritische Geist (was ich grundsätzlich super finde) anmerken, dass du in der geschlossenen Stellung den Ball viel besser gegen einen aus dem Rücken attackierenden Gegenspieler verteidigen kannst. Das ist auch richtig. Doch mit nur einem Schritt kannst du aus der offenen in die geschlossene Stellung kommen, wenn das notwendig ist. Die Gegenrichtung ist genauso möglich, auch wenn die technischen Anforderungen beim ersten Kontakt etwas anspruchsvoller sind.

Aber das Entscheidende ist: Je offener du zur Spielsituation stehst, desto besser sind deine Informationen darüber, welche Körperstellung (oder Ballmitnahme in welche Richtung) angemessen ist, um eine möglichst gute Lösung umzusetzen.

Um direkt nach deinem ersten Kontakt zeitnah die optimale Spielfortsetzung zu ermöglichen, solltest du die komplette Spielfeldbreite im Blick haben, um jegliche Optionen bewerten zu können. Dafür ist entscheidend, wie sauber und in welche Richtung du diesen ersten Kontakt machst.

Wenn du in einer zentralen Position den Ball nach einem Pass zu dir so berührst, dass du in der Lage bist, deinen gesamten Körper zum gegnerischen Tor auszurichten, wird es dir leichter fallen, alle Möglichkeiten der Spielfortsetzung zu erkennen, als wenn deine Ballberührung zu einer eher diagonalen Bewegung führt.

In Abb. 7 siehst du einen ersten Kontakt, der leicht diagonal mitgenommen wird. Die Ursache dafür ist häufig, dass der Spieler nicht erkannt hat, dass eine Mitnahme in direkter Richtung zum Tor möglich war. Diese Situation sorgt dafür, dass die Passoptionen auf der anderen Feldseite nicht wahrgenommen werden, auch wenn sie möglicherweise eine Überzahlsituation versprechen.

Abb. 7a-c: Erster Kontakt suboptimal

Abb. 8a-c: Erster Kontakt gut

In Abb. 8 dagegen ist zu erkennen, wie der Ball auf direktere Weise in Torrichtung mitgenommen wird und schon durch das periphere Sehen (mehr dazu im nächsten Kapitel) selbst ohne Kopfdrehung oder maximal mit kleiner Kopfdrehung alle Optionen erkannt werden können.

Die technische Herausforderung liegt darin, nur so viel Druck aus dem Ball zu nehmen, dass er im passenden Winkel nach vorne weiterrollt. Du findest im Trainingsabschnitt dieses Buchs einige Ansätze, um ein besseres Gefühl dafür zu entwickeln.

Im nächsten Beispiel ist die Umsetzung etwas kniffliger. Immer mal wieder hast du die Situation, dass der Ball nicht mit ausreichend Schärfe zu dir gespielt wird. Die effektivste Option liegt nun *scheinbar* darin (Abb. 9), den Ball mit dem hinteren Fuß nach vorne oder diagonal vorne mitzunehmen, um ihn schnell nach vorne zu treiben. Allerdings kommst du dann erst verhältnismäßig spät und hoch in eine offene Stellung, was dazu führt, dass du mehr Zeit benötigst, um das Spiel offensiv fortzusetzen (spät) und häufig mehr Gegnerdruck hast (hoch).

Darum ist es in diesen Spielsituationen eher empfehlenswert, dem Ball weiter entgegenzugehen, um den Ball früher und tiefer mit dem vorderen Fuß direkt offensiv mitnehmen zu können. Dabei kannst du mit der Innenseite des vorderen Fußes den Ball so nach vorne mitnehmen wie bei den scharfen Pässen (Abb. 10). Sollte Passschärfe und deine Positionierung nicht passend dafür sein, kannst du entgegengehen und den Ball mit der Sohle des vorderen Beins so nach vorne ziehen, dass eine offensive Anschlussaktion möglich ist (Abb. 11).

Abb. 9a-d: Hinterer Fuß

Abb. 10a-d: Mitnahme nach Entgegengehen

Abb. 11a-d: Mitnahme nach schwachem Pass

In manchen Situationen hast du auch die Möglichkeit, den Ball nach deinem Entgegenkommen nach vorne ohne Kontakt durchlaufen zu lassen, um dann gleich dein Tempo nach vorne aufnehmen zu können. Wenn die Geschwindigkeit des Balls ideal ist, hat diese Methode den weiteren Vorteil, dass du dir den Blick auf den Ball beim ersten Kontakt sparen kannst und dadurch mehr Zeit für deine Orientierung in die offensiven Spielfeldbereiche zur Verfügung hast. Probiere es gern mal aus.

Mir ist dabei jedoch noch einmal wichtig, zu erwähnen, dass wir bei diesen ersten Kontakten immer davon ausgegangen sind, dass du erkannt hast, dass dafür ausreichend Platz ist. Wenn du Gegnerdruck hast, ist für dich natürlich entscheidend, dass du erkennst, wo der offene Raum ist, in den du den Ball mitnehmen kannst, oder ob du ihn einfach klatschen lassen solltest. Vielleicht kann eine diagonale Mitnahme mit dem hinteren Fuß das Spieltempo auch einmal deutlich beschleunigen, weil du sofort antreten kannst.

Hier wollte ich dir jedoch erläutern, inwiefern der erste Kontakt auf deine anschließende Orientierung Auswirkungen hat. Die letztendliche Entscheidung musst du dann im Spiel treffen und ist wie immer von der konkreten Spielsituation und deinem individuellen Spielstil abhängig.

3.3 BLICKSTRATEGIE – WANN SCHAUST DU WOHIN?

Der nächste wichtige Baustein hat bis jetzt wenig Einzug in die alltägliche Trainingspraxis gefunden. Jedoch ist es auch nur schwer möglich, im Rahmen des üblichen Mannschaftstrainings auch noch bei jedem einzelnen Spieler darauf zu achten, wann er wo hinschaut, und diese Punkte dann auch noch gezielt zu verbessern.

Ich möchte dir hier Tipps und Tricks mitgeben, welche Blickstrategien für dich als Fußballer sinnvoll sein können, um dir dann später im Trainingsabschnitt methodische Reihen vorzuschlagen, wie du diese in dein Spiel übertragen und integrieren kannst.

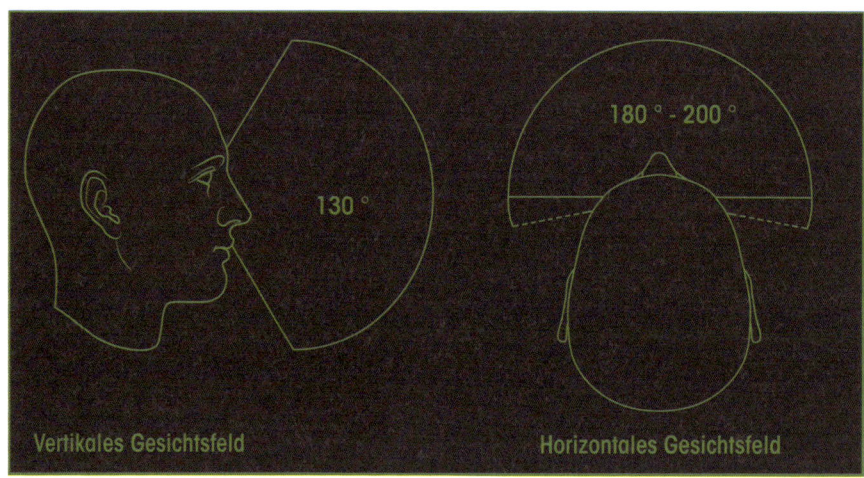

Abb. 12: Gesichtsfeld

■ Doch was ist eigentlich eine Blickstrategie genau?

Eine **Blickstrategie** bezieht sich auf den scharfen Teil deines Blickfeldes. Wie du in Abb. 12 siehst, haben wir ein horizontales Blickfeld von 180-200 Grad und ein vertikales Blickfeld von 130 Grad. Das ist der komplette Bereich, den wir visuell wahrnehmen können. Jedoch ist mit circa zwei Grad nur ein sehr kleiner Teil davon scharf zu erkennen.

Das Gebiet in deinem Auge, was diese genauen Informationen aufnimmt und ans Gehirn weiterleitet, wird **Fovea** genannt. Dieser kleine Bereich deckt den konkreten Punkt ab, den du mit deinen Augen fixierst, wenn du etwas „anschaust". Der Bereich außerhalb dessen, den du dann also nicht mehr scharf siehst, ist das Gebiet des peripheren Sehens, was du vielleicht auch schon mal gehört hast. Details dazu findest du im nächsten Unterkapitel.

Der Bereich unseres schärfsten Sehens kann von uns willentlich gesteuert werden. Wenn wir uns orientieren, springen wir mit unseren Blicken von Gebiet zu Gebiet, von Mit- zu Gegenspieler oder vom Ball zum Tor und zurück. Vieles davon findet automatisiert statt. Häufige Fixationen des Auges sind reflexartig, weil wir ein Geräusch wahrnehmen oder peripher eine Bewegung erkennen, auf die unsere Augen mit einem Blicksprung reagieren.

Aber man kann natürlich auch aktiv Ziele anvisieren. Und das wollen wir nutzen, um gewisse Blickziele festzulegen und mit dem passenden Timing nach und nach die wichtigen Dinge noch besser wahrnehmen zu können. Dabei sind nicht nur die reinen Augenbewegungen relevant, sondern durch die komplexen Eigenschaften des Fußballspiels brauchst du zudem viele Kopfdrehungen (oder Schulterblicke). Auch die Rotation deines Körpers (wie oben beschrieben) spielt durchaus eine wichtige Rolle, um letztendlich mit deinen Augen auch die „richtigen" Ziele fixieren zu können.

Deine Vorgehensweise, wann du zu welchen Zeitpunkten, welche Bereiche anvisieren möchtest, ist deine Blickstrategie. Im Laufe des Buchs werde ich für diese Orientierungsphasen auch immer mal wieder den Begriff „scannen" verwenden.

Grundsätzlich möchte ich dir vor allem zwei wichtige Punkte dafür mit auf den Weg geben, die dir mittelfristig helfen werden, besser und schneller Informationen aufzunehmen, was letztendlich deine Entscheidungsfindung auf dem Rasen verbessern soll.

Kontinuierliche Orientierung

Wenn wir über Orientierung im Fußball reden, ist es für die meisten Trainer und Experten sehr häufig nur dann ein Thema, wenn ein Spieler kurz davor ist, den Ball von einem Mitspieler zu erhalten. In dieser Situation ist die Orientierung natürlich extrem wichtig, da der Ball schnell verloren gehen kann, wenn der ballbesitzenden Spieler direkt eine Fehlentscheidung trifft oder zu langsam auf den Gegenspieler reagiert. Doch kann diese Orientierung auch in zahlreichen anderen Situationen relevant sein. Ich gebe dir hier ein paar Beispiele:

a. **Du bist selbst in Ballbesitz**

Auch wenn du selbst den Ball am Fuß hast, solltest du immer wieder das Feld im Blick haben. Du solltest den Bereich vor dir scannen.

- Wo kannst du einen entscheidenden Pass spielen?

- Wo kannst du eine 2-gegen-1-Überzahlsituation finden?

- Wo und wie kannst du zum Abschluss kommen?

Und wenn du nicht gerade ein Torwart oder Innenverteidiger bist, der von hinten andribbelt und alle Gegenspieler vor sich hat, solltest du auch immer mal wieder einen Blick über deine Schulter werfen, ob du nicht von einem offensiven Gegenspieler attackiert wirst, der defensiv aushilft.

b. Dein Team ist in Ballbesitz

Wenn du beispielsweise 6er oder 10er bist und im Spielaufbau den Ball bekommst, hilft es dir, nicht erst in der letzten Sekunde einen Schulterblick zu machen. Zum einen kannst du in der Phase davor schon über die andere Schulter schauen, um rundherum Informationen zu erhalten. Zudem kannst du die vorhandenen Infos über die Gegebenheiten in deinem Rücken früher filtern, um schon zu wissen, wo deine Mitspieler sich aufhalten, wie nah die Gegenspieler dran sind und wo vielleicht Überzahlsituationen für dein Team vorhanden sind.

Beim nächsten Blick kannst du in diesem als relevant betrachteten Gebiet als Ziel dann die konkreten Detailinformationen wahrnehmen (Distanzen, Laufrichtungen, Geschwindigkeitsvorteile oder Signale wie Handzeichen). Das Gleiche gilt natürlich auch, wenn du z. B. ein Torwart oder Innenverteidiger bist, der vom Außenverteidiger einen Rückpass bekommt und vorher die Tiefe und den anderen Flügel scannen kann.

c. Du agierst als Offensivspieler gegen den Ball

Doch auch im Defensivspiel ist die Orientierung von enormer Bedeutung. Egal ob dein Team lieber im Angriffspressing oder in tiefen Positionen agiert, wenn du als Offensivspieler deine Gegner anläufst, hilft es dir enorm, zu wissen, wo sich die Gegenspieler in deinem Rücken aufhalten.

Beim aggressiveren Anlaufen kannst du deinen Laufweg je nach Position des Gegners verändern, um ihn durch deinen Deckungsschatten aus dem Spiel zu nehmen. Beim passiveren Verteidigen oder Verschieben sind es eher einzelne Schritte nach links und rechts, um den Passweg auf den gegnerischen Offensiven zuzustellen und deinen Gegner so nicht ins Spiel kommen zu lassen. Beides wird nur dann funktionieren, wenn du erkennst, wie sich der Gegenspieler in deinem Rücken verhält.

d. Du agierst als Defensivspieler gegen den Ball

Doch je näher es zum eigenen Tor geht, umso entscheidender ist es, den Ball und den direkten Gegenspieler immer im Blick zu behalten. Bei Standardsituationen oder langen Bällen auf den zweiten Pfosten erkennt man immer mal wieder, dass die Verteidiger einen Gegenspieler „aus dem Blick verloren" haben. Dies hat dann häufig ein Gegentor zur Folge, weshalb die Orientierungsprobleme dort schnell auffallen. Darum ist diese Fähigkeit auch für Innenverteidiger immer wieder entscheidend.

Wie du also siehst, ist das Scannen des Spielfeldes in jeder Spielphase von enormer Bedeutung – ob mit oder gegen den Ball, ob du Offensiv- oder Defensivspieler bist.

Timing des Scannens

Doch kann es durchaus passieren, dass es dir durch deine dauerhafte Orientierung schwerfällt, den Ball immer im Blick zu haben und auf veränderte Spielsituationen schnell zu reagieren. Wenn zum Beispiel exakt während deines Schulterblicks der Pass zu dir gespielt wird, erkennst du erst einige Zehntelsekunden später, dass du dich bereit machen musst für eine Ballmitnahme.

Dir fehlt die Reaktionszeit, um deinen Körper gut zu Ball und Gegenspieler auszurichten. Zudem wird es durch den höheren Zeitdruck wesentlich schwieriger, den Ball mit deinen Augen zu fixieren, worauf wir in Kap. 3.4 noch einmal weiter eingehen werden.

Doch auch, wenn du nicht selbst an den Ball kommen solltest, kann diese durch schlechtes Timing hervorgerufene Verzögerung hinderlich sein für dein Spiel. Wenn du zum Beispiel eine Spielverlagerung oder einen plötzlichen Richtungswechsel im Dribbling verpassen solltest, sorgt dies für eine zeitlich verzögerte Wahrnehmung der relevanten Bereiche und letztendlich für eine verspätete Handlung.

Vielleicht kannst du dadurch defensiv den Deckungsschatten nicht mehr ganz aufrechterhalten und den Pass nicht abfangen, vielleicht schaffst du es durch eine halbe Sekunde Verspätung, offensiv nicht rechtzeitig in der Box zu sein oder dich für eine Ablage anspielbar zu machen.

Demzufolge ist es von enormer Bedeutung, dass das Timing deiner Schulterblicke an die Spielsituationen und das Geschehen am Ball angepasst ist.

- Doch was heißt das jetzt genau?

Ich möchte, dass du zunächst selbst darüber nachdenkst, weil eine eigene Erkenntnis den Aha-Effekt deutlich erhöht. Also zunächst die Frage an dich:

- Zu welchen konkreten Zeitpunkten kann sich die Spielsituation grundsätzlich verändern?

- In welchen Zeiträumen kann sich die Spielsituation NICHT grundsätzlich ändern?

Wenn es dir schwerfällt, auf diese Frage zu antworten, gebe ich dir gern eine Beispielsituation, an der du das konkreter durchdenken kannst. Nehmen mir an, du spielst im zentralen Mittelfeld und die Innenverteidiger deines Teams haben den Ball. Einer von ihnen dribbelt kurz an und sucht nach einer Passoption, entscheidet sich dann für den Querpass zum anderen Innenverteidiger und dieser nimmt den Ball nach vorne mit.

Versuche, die obigen Fragen für dich noch einmal anhand dieses Beispiels zu beantworten.

- Welche Zeitpunkte bzw. Zeiträume sind in dieser kurzen Phase relevant für die Beantwortung der Fragen?

Kommen wir zur Auflösung . . . Trommelwirbel . . . nein, Quatsch. So spektakulär ist das gar nicht. Vielleicht ist es dir sogar glasklar und keine neue Erkenntnis für dich.

Aber die Spielsituation kann sich nur dann grundsätzlich verändern, wenn der Ball „berührt" wird. Zumindest wenn wir von einem guten Rasenplatz ohne Maulwurfshügel ausgehen. Bei jedem Kontakt – ob beim Pass oder im Dribbling – kann sich die Richtung verändern. Es kann Abkappbewegungen, Stopp- oder Beschleunigungsaktionen durch Ballkontakte geben. Der Spieler kann sich entscheiden, zu schießen, kurz zu passen, lang zu passen, eine diagonale Verlagerung zu spielen oder, oder, oder.

Die gleichen Optionen bestehen natürlich auch bei jedem ersten Kontakt. Wenn der Ball ohne Kontakt rollt, kannst du die nächsten Zehntelsekunden komplett antizipieren. Du benötigst also nicht in jedem Sekundenbruchteil ein Informationsupdate über die aktuelle Situation. Die Ballkontakte von Spielern solltest du allerdings wahrnehmen, um die Veränderungen, die du nicht zu 100 Prozent vorhersehen kannst (im Gegensatz zum konstanten Rollen des Balls), sofort erkennen zu können.

Sobald der Ball jedoch den Fuß verlässt (ein Pass oder auch ein „längeres" Vorlegen des Balls bei einem Dribbling) und du die Richtung und das Tempo wahrnimmst, kannst du vorhersagen, was mit dem Ball bis zum nächsten Ballkontakt passiert. Ganz konkret diese Phase bis zur nächsten Ballberührung eines Spielers kannst du nutzen für deinen Orientierungsprozess.

In unserem Beispiel kannst du einen Blick über deine Schulter werfen, wenn der Innenverteidiger beim Andribbeln den Ball fünf Meter vorspielt und nachläuft (Abb. 13b). Du solltest dabei seinen Kontakt sehen, es schaffen, einen Schulterblick einzubauen, die anvisierten Bereiche auch bewusst wahrzunehmen und anschließend den nächsten Ballkontakt deines Mitspielers sehen. Gleiches gilt für den anschließenden Pass (Abb. 13f).

Dein Ziel sollte sein, den Ball bei der Ballabgabe mit deinen Blicken anzuvisieren, um sein Tempo und seine Richtung zu erkennen. Anschließend hast du ein paar Zehntelsekunden für dein Scannen des Feldes. Den ersten Kontakt des anderen Mitspielers (Abb. 13g) solltest du nun wieder mit deinen Augen erkennen können, um die nächsten Informationen zu erhalten, die du nicht antizipieren kannst.

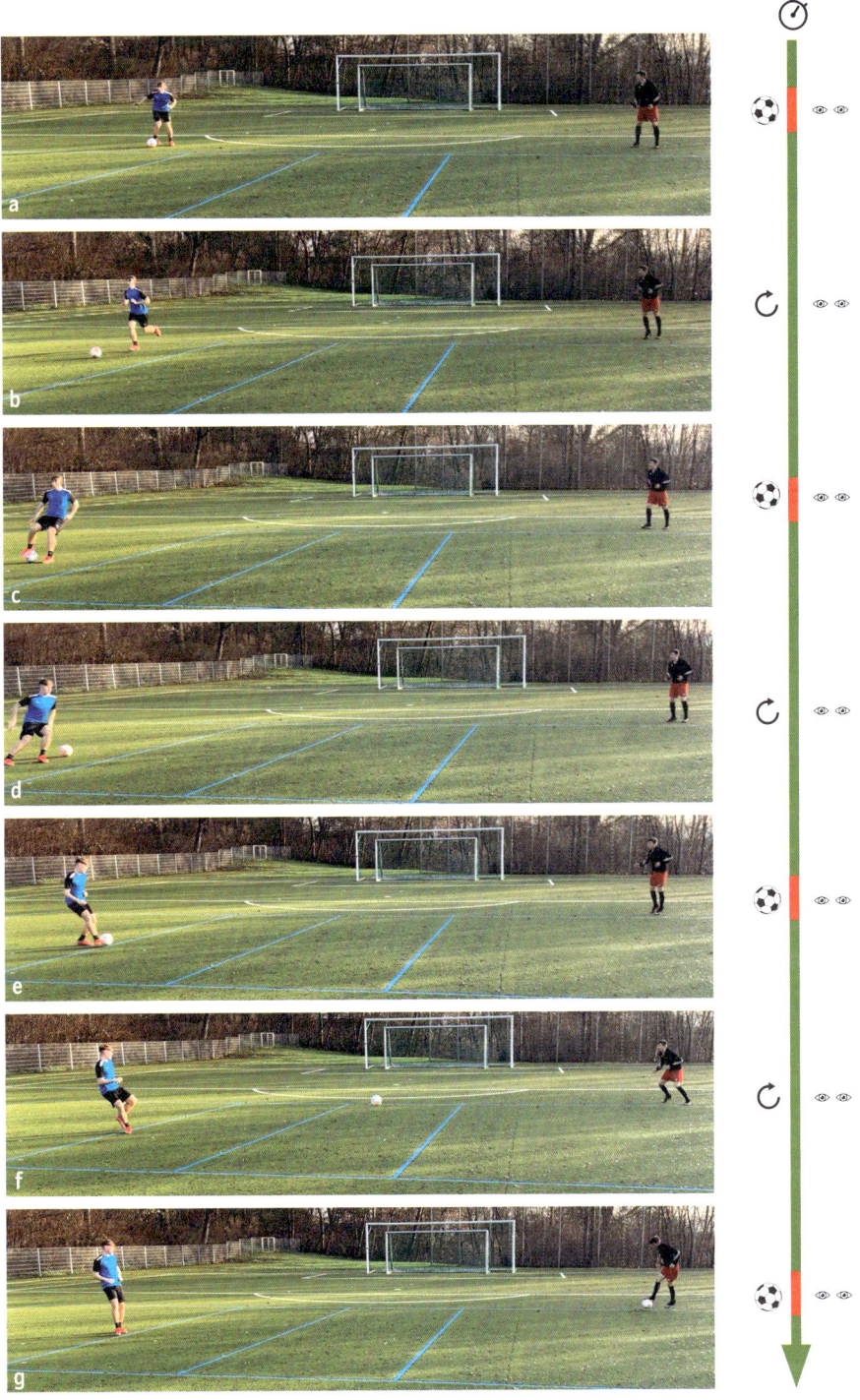

Abb. 13a-g: Scan- und Ballfokusphasen

Wichtig ist natürlich, dass du in diesem Zeitraum durchgehend deine Position und Körperstellung anpasst, um die Orientierung – wie in den vorherigen Kapiteln beschrieben – zu vereinfachen und um auch deinen mannschafts- und gruppentaktischen Aufgaben auf dem Spielfeld nachzukommen. Wenn du dir bei diesen nicht sicher bist, hole dir konkrete Informationen von deinem Mannschaftstrainer, wie du in bestimmten Situationen agieren sollst.

Jetzt bleibt noch die spannende Frage, wohin du beim Scannen eigentlich genau schauen solltest. Das kann ich dir abschließend so pauschal nicht sagen, weil im Fußball einfach nie zwei Situationen identisch sind.

In einer Eye-Tracking-Untersuchung im Rahmen meiner Masterarbeit konnte ich jedoch feststellen, dass es hilfreich zu sein scheint, den Fokus beim Scannen stärker auf zentrale Bereiche als auf Flügelzonen zu richten (Körner, 2017). Zudem scheint es Spieleraktionen zu verbessern, wenn du eher deine Zielbereiche (also Tor oder Mitspieler) fixierst, statt dich auf deine Gegenspieler zu fokussieren.

Da du jedoch meist mehrere Mitspieler vor dir hast, hängt es natürlich stark vom Verhalten dieser ab und von den Wünschen deines Trainers, in welchen Zonen du das Spiel fortsetzen solltest. Zudem spielen natürlich auch deine individuellen Fähigkeiten eine Rolle. Wenn du einen Diagonalball über 50 Meter auf die andere Spielfeldseite spielen könntest, aber die technischen Fähigkeiten dazu nicht hast, scheint es nicht lohnenswert, den Fokus lange auf diesem Zielspieler zu halten. Wenn du ein Spieler bist, der gerne Schnittstellenpässe spielt, macht es womöglich mehr Sinn, jene Spieler mit deinen Blicken zu fixieren, bei denen du weißt, dass sie gerne diese Wege suchen.

Abhängigkeit der Blickziele im Überblick:

- Teamtaktik

- deine individuellen Fähigkeiten sowie

- favorisiertes Verhalten deiner Mitspieler

Grundsätzlich ist es aber sinnvoll, wenn du regelmäßige Seitenwechsel bei deinem Blickverhalten einbaust, damit du tatsächlich alle wichtigen Informationen 360 Grad um dich herum wahrnehmen und verarbeiten kannst. Wenn du Torhüter bist oder als Flügelspieler außen an der Linie stehst, reduziert sich dieser benötigte Winkel logischerweise deutlich.

3.4 VISUELLES SYSTEM – DEINE AUGEN UND ALLES, WAS DAZUGEHÖRT

Selbst wenn deine Blickstrategie, deine Körperstellung und deine Positionierung auf dem Feld „perfekt" sind, bringt dir das alles nichts, wenn die visuellen Informationen, die bei deinen Augen ankommen, nicht schnell aufgenommen, passend ins Gehirn weitergeleitet und dort verarbeitet werden können. In diesem Bereich sprechen wir vom **visuellen System**.

Viele haben bis vor wenigen Jahren vom visuellen Training noch nie etwas gehört. Doch seit circa 2014 und dem aufkommenden und immer beliebter werdenden Neuro-Athletik-Training findet es als ein Bestandteil dessen immer mehr Einzug in den Spitzensport.

In diesem Jahr war Lars Lienhard, der Begründer und Namensgeber dieser Trainingsmethode, Mitglied des deutschen Trainer- und Betreuerteams bei der Fußball-WM in Brasilien. Deutschland holte unter Jogi Löw den WM-Titel und das Neuro-Athletik-Training tauchte nach und nach vermehrt in der Presse auf. Heutzutage hat wahrscheinlich jeder Spitzensportler schon davon gehört und sehr viele nutzen es, um ihre Leistung zu optimieren.

Zum aktuellen Zeitpunkt, während ich dieses Buch schreibe, steht immer wieder Tennisstar Alexander Zverev als Anwender des NATs im Mittelpunkt der Aufmerksamkeit. Den ersten riesigen Erfolg damit hat er mit der Goldmedaille bei den Olympischen Spielen 2021 in Tokio gefeiert. Aber auch Weltklasse-Fußballspieler wie Serge Gnabry oder Jamal Musiala arbeiten seit einigen Jahren mit Neuro-Athletik-Trainern zusammen.

Es gibt jedoch auch Spezialisten für das Visualtraining, die in dieses Gebiet noch tiefer eintauchen. Die Experten im deutschen Raum findest du bei der Firma *Dynamic Eye* in Köln. Zu beiden Herangehensweisen habe ich dir in den QR-Codes auf Seite 204 Kontaktinformationen hinterlegt, wie du einen Trainer in deiner Gegend dafür finden kannst.

Doch zurück zum visuellen System. Immer mehr Fußballtrainer bauen bei Passübungen die Aufgabe mit ein, vor dem ersten Kontakt eine Kopfdrehung durchzuführen. Das ist schon ein guter erster Schritt für den Aufbau der Gewohnheit, sich durchgehend umzuschauen. Doch kann das durchaus dazu führen, dass du als Spieler nur noch die Kopfdrehung machst, um die Kopfdrehung zu machen.

- Es kommt ein Pass, du wedelst mal den Kopf kurz hin und her und weißt womöglich am Ende nicht, was hinter deinem Rücken los ist?

- Hast du das schon mal erlebt?

- Oder bei Mitspielern von dir den Eindruck gehabt?

Eine zu schnelle Kopfdrehung ohne konkretes Ziel sorgt dafür, dass du die konkreten Bereiche nicht klar fokussieren kannst und dein Gehirn die Informationen nicht schnell genug verarbeiten kann.

Wenn nicht, kommt dir vielleicht folgendes Beispiel aus dem Alltag bekannt vor. Viele kennen die Situation, dass man auf die Uhr schaut und anschließend jemand fragt, wie spät es ist. Doch plötzlich ist diese Information in deinem Bewusstsein nicht mehr vorhanden und du musst kurioserweise wenige Sekunden nach dem ersten Mal ein zweites Mal auf die Uhr schauen, um diese Information zu erhalten.

Das sind zwei Beispiele, wo Informationsaufnahme und -verarbeitung in irgendeiner Form fehleranfällig sind, was im Fußball natürlich zu Fehleinschätzungen oder schlechten Entscheidungen führen kann und somit letztendlich zu Leistungseinbußen.

Um die einzelnen Funktionen des visuellen Systems, die wir im Trainingskapitel angehen wollen, besser zu verstehen, möchte ich dir nun noch erklären, was die meiner Meinung nach wichtigsten visuellen Fähigkeiten sind und warum sie für dich im Fußball eine große Bedeutung haben.

Fixationsfähigkeit

Zunächst ist es wichtig, dass es deine Augen schaffen, einen spezifischen Punkt stabil zu fixieren. Dies zu schaffen, ist zum einen die Grundvoraussetzung einer breiten und konstanten Informationsaufnahme. Zum anderen haben zahlreiche Studien nachgewiesen, dass deine Technik enorm davon profitiert, wenn du den Ball beim Kontakt länger fixierst (Vickers, 2007). Das nennt sich **Quiet Eye**.

Es ist somit von Vorteil, dass du den Ball vor, bei und auch kurz nach deinem Ballkontakt exakt anvisieren kannst. Weitere Studien zeigen, dass eine längere Fixationsdauer – auch nach dem Kontakt – mit einer besseren Technik korreliert (Loffing et al., 2018). Wenn du mir nicht glaubst, teste es einfach mal aus.

Schnappe dir einen Ball und stelle dich in einer für dich passenden Distanz vor ein Tor. Jetzt sieh beim Schießen mal während des Ballkontakts auf das Tor, dann beim nächsten Schuss kurz vor den Ball, dann irgendwann bewusst lange auf einen konkreten Punkt auf dem Ball – auch eine Sekunde über den Ballkontakt hinaus. Du wirst einen direkten Unterschied erkennen.

Wenn du diese Fähigkeit trainierst und weiterentwickelst, wird deine Technik also enorm davon profitieren. Andererseits hast du vielleicht immer wieder einen technischen Fehler und weißt womöglich nicht, woran das liegt. Denke mal an deine fußballerische Vergangenheit zurück und überlege, wie häufig so etwas der Fall ist. Häufig kommt der Hinweis von Mitspielern oder Trainern, sich doch gefälligst zu konzentrieren.

Wenn es im Anschluss tatsächlich besser funktioniert, liegt das oft daran, dass du bei „mehr Konzentration" auf deinen ersten Kontakt tendenziell mehr auf den Ball schaust. Doch wenn dir das selbst bewusst ist und du selbst erkennst, dass ein schlechter Ballkontakt am suboptimalen Fixieren des Balls lag, kannst du dich selbst coachen. Du kannst dich schneller und präziser in deiner Technik verbessern, als wenn du dich nach Hinweisen von außen einfach „mehr konzentrierst".

Ich möchte dir hierzu eine kleine Geschichte von mir erzählen, die nichts direkt mit Fußball zu tun hat, aber ideal zum Quiet Eye passt. Ich hoffe, das ist okay für dich. Wenn nicht, springe einfach direkt zum nächsten Unterkapitel.

Zwei Tage, bevor ich diese Zeilen hier schreibe, habe ich mit fünf Leuten im Urlaub Tischtennis-Rundlauf gespielt. Dabei ist mir Folgendes aufgefallen. Zunächst lief es super. Ich war entspannt und motiviert und stand mit Nils – einem Freund von mir – die ersten fünf Runden immer im Finale. Dann wollte ich irgendwann zu viel. Schlag um Schlag ging daneben, als ich gerade gegen Nils ein paar schwierigere Schläge auspacken wollte. Und dann habe ich es bei einem Schlag gemerkt.

In dem Moment, in dem ich den Ball getroffen habe, habe ich auf die Gegenseite der Tischplatte geschaut. In diesem Moment dachte ich an Quiet Eye und war für dieses Thema wieder sensibilisiert. Und auch bei weiteren Schlägen ist es mir aufgefallen. Ich versuchte, mich umzustellen, den Ball beim Schlag wieder ganz genau zu fixieren. Und danach spielte ich um Welten besser.

Nils hatte ein paar Siege Vorsprung und auch wenn er am Ende gewann, konnte ich einen 6:9-Rückstand wettmachen. Aber kommen wir zurück zum Fußball.

Blicksprünge und Augenfolgebewegungen

Im Visualtraining gibt es den Begriff der **Motilität**. Damit ist die Bewegung der Augen über die äußeren Augenmuskeln gemeint. Eine gute Motilität ist die Grundlage, dass unsere Augen sich in jegliche Richtung bewegen oder bestimmte Richtungen halten können. Dabei gibt es z. B. Blicksprünge, Folgebewegungen und auch das oben beschriebene Fixieren gehört dazu.

Ist die Funktion deiner Augenmuskeln im Bereich der Augenfolgebewegungen (auch **Pursuits** genannt) eingeschränkt, kann dies zur Folge haben, dass du der Flugkurve des Balls oder dem Laufweg eines Mitspielers mit deinen Augen nicht schnell genug folgen kannst und deine Einschätzung der Position und des Tempos nicht ideal ist. Direkt am Ball würde es eine schlechtere Technik (oder technische Fehler) zur Folge haben.

Bei Defiziten in den **Blicksprüngen** (sogenannte *Sakkaden*) ist dein Orientierungsprozess eingeschränkt. Du kannst weniger schnell und präzise beim Schulterblick von einem Bereich auf den anderen springen und nimmst weniger Informationen wahr. Zudem wird es auch beim Blick zurück auf den Ball schwieriger, da du eventuell nicht rechtzeitig den Ball vor deinem Kontakt fixiert bekommst. Technische Ungenauigkeiten sind die Folge.

Das hängt auch damit zusammen, dass wir bei unpräzisen Blicksprüngen immer wieder sogenannte *Mikrosakkaden* (also ganz kleine Sprünge der Augen) machen, um zu korrigieren und den gewünschten Bereich exakt in den Fokus zu nehmen. Wenn diese langsam oder unpräzise sind, kann dich das in deiner fußballerischen Leistung sehr limitieren.

Peripheres Sehen

Das **periphere Sehen** hat im Fußball eine enorme Bedeutung. Und je schneller der Fußball wird, desto wichtiger ist neben den anderen visuellen Fähigkeiten und dem gesamten Orientierungsprozess auch das periphere Sehen.

Denn je weniger Zeit du als Spieler am Ball hast, desto weniger Zeit hast du für Blicksprünge und demzufolge ist es umso entscheidender, dass du auch die Dinge gut wahrnimmst, die sich außerhalb deines fokussierten Bereichs befinden. Und genau das ist peripheres Sehen. Wir haben nur einen kleinen Teil unseres Blickfeldes, in dem wir scharf sehen.

Und nach und nach wird das periphere Sehen auch immer mehr ein Thema im Fußball, sodass du bestimmt davon schon einmal gehört hast. Am häufigsten wird über dieses Thema gesprochen, wenn es um eine Situation geht, in der du als Spieler den Ball hast bzw. bekommst und aus dem Augenwinkel deinen Mit- oder Gegenspieler wahrnehmen musst. Auch die sogenannten *No-Look-Pässe* funktionieren nur bei einer klar erkennbaren Peripherie. Doch beschränkt sich das periphere Sehen nicht nur auf links und rechts, sondern es geht 360 Grad um deinen Punkt des schärfsten Sehens herum.

So musst du zum Beispiel auch im engen Dribbling in der Lage sein, peripher oben Dinge wahrzunehmen, wenn du selbst auf den Ball schaust. Oder umgekehrt: Wenn du dribbeln willst und dich orientierst, den Kopf oben hast und schaust, wie du das Spiel fortsetzen möchtest, hilft es dir, peripher unten den Ball während deiner kurzen Dribblingkontakte gut zu erkennen, um mit einer sauberen Technik den Ball nach vorne zu treiben.

Und auch für deine Kopfballtechnik ist das periphere Sehen von Bedeutung. In dem Moment, in dem du hochsteigst und den Ball mit deinen Augen fixierst, kannst du peripher in den unteren Bereichen im Idealfall erkennen, in welche Räume oder zu welchem Mitspieler du den Ball im optimalen Fall köpfst.

Wenn du dir zum Beispiel Jamal Musiala im Dribbling anschaust, wirst du sehen, dass er den Blick gerade in engen Situationen sehr stark auf den Ball gerichtet hält. Dies bringt ihm einen großen Vorteil für seine Technik. Da er trotzdem sehr gute Entscheidungen trifft und sehr gut offene Räume findet, kann man vermuten, dass sein peripheres Sehen in den oberen Bereichen sehr stark ausgeprägt ist.

Vergenz und 3D-Sehen

Die nächste visuelle Fähigkeit, die wir betrachten, ist die sogenannte *Vergenz*. Hierbei handelt es sich um eine beidäugige Fähigkeit, bei der sich die Augen ideal abgestimmt nach innen bewegen, um gemeinsam einen Gegenstand in der Nähe anzuvisieren oder entgegengesetzt wieder nach außen in die frontale Neutralposition gehen, um gemeinsam ein fernes Ziel zu fixieren. Dieses Nach-innen-Driften beider Augen bezeichnet man als **Konvergenz**. Die entgegengesetzte Richtung ist die **Divergenz**.

Das koordinierte Zusammenspiel deiner Augen ist eine Grundvoraussetzung, um ein dreidimensionales Bild in deinem Gehirn entstehen zu lassen. Nur wenn dein Gehirn es schafft, im Anschluss die beiden Bilder, welche die Augen liefern, perfekt aufeinanderzulegen, ist dies wirklich möglich. Dieses 3D-Sehen ist wichtig, um eine Tiefenwahrnehmung zu erhalten und somit Distanzen und auch Geschwindigkeiten ideal einschätzen zu können.

Jegliche Situation im Fußball ist in irgendeiner Weise von Distanzen, Geschwindigkeiten und Timing abhängig. Das heißt, dass in jeder Situation dein dreidimensionales Sehen und somit auch die Konvergenz und Divergenz deiner Augen benötigt wird. Ob es das Einschätzen der Flugkurve des Balls oder das Beurteilen einer Schnittstelle ist, bei der du entscheidest, ob du durch diese deinen Mitspieler noch anspielen solltest oder nicht.

Selbst in einer neutralen Augenposition, also wenn deine Augen gerade nach vorne schauen, haben viele Spieler auf kurze oder lange Distanz (manchmal auch beides) Defizite in ihrem beidäugigen Sehen. Wenn sich deine Augen verhältnismäßig zu weit nach innen bewegen, bezeichnet man das als **Konvergenzexzess**. Wenn sie, bezogen auf das Ziel, nicht weit genug konvergieren, spricht man von **Konvergenzinsuffizienz**. Dies werden wir später im Test- und Trainingsbereich bei dir genauer analysieren.

Wesentlich anspruchsvoller als in dieser neutralen Position ist das beidäugige Sehen in verschiedene Richtungen. Denn deine Augen müssen im Fußball nicht nur gerade nach vorne schauen, sondern auch nach links, rechts, oben, unten und sämtliche diagonale Richtungen. In meiner bisherigen Erfahrung habe ich festgestellt, dass die Defizite im neutralen Bereich sich in den verschiedenen Richtungen meistens deutlich verstärken.

Das bedeutet in der Praxis, dass die Fähigkeit, die Flugkurve des Balls präzise einzuschätzen, meist deutlich schlechter vorhanden ist, wenn der Spieler seinen Kopf oder seine Augen in verschiedene Richtungen bewegt. Das ist immer dann nötig, wenn der Körper und die gesamte Stellung nicht ideal zum Ball ausgerichtet ist. Und so bedingen sich erneut suboptimale Position und die Fähigkeiten deines visuellen Systems gegenseitig.

Eine weitere Schwierigkeit im Fußball liegt darin, schnell zwischen Divergenz – also dem Betrachten der Mit- und Gegenspieler oder des Tors in der Ferne – und der Konvergenz zu switchen. Blicke in die Nähe benötigen wir vor allem, um immer wieder die Augen auf den Ball zu richten. Das hat, wie in Kap. 3.3 schon erläutert, einen großen Einfluss auf eine saubere Balltechnik. Weiterhin ist eine schnelle und koordinierte Konvergenz wichtig, wenn sich der Ball schnell in deine Richtung bewegt, da deine Augen in diesem Fall im hohen Tempo konvergieren müssen, um die Grundlage für ein konstantes dreidimensionales Bild und somit für ein optimales Timing zu haben.

Akkommodation

Für diesen Wechsel zwischen dem Blick in die Nähe und in die Ferne ist neben der Vergenz auch die sogenannte *Akkommodation* von großer Bedeutung. Sie ist für die Blickschärfe auf verschiedene Distanzen verantwortlich. Wenn du zum Beispiel im Spielaufbau hochschaust, was dein Stürmer macht oder welche Handzeichen er dir gibt, musst du deine Augen schnell auf große Distanz scharf stellen können und anschließend wieder auf die kurze Entfernung wechseln, um den Ball beim Kontakt gut fixieren zu können.

Ich möchte dich hier nicht mit anatomischen Details langweilen, aber du solltest wissen, dass es einen Muskel in deinem Auge gibt (Ziliarmuskel), der beim Anspannen dafür sorgt, dass die Wölbung der Linse in deinem Auge so verändert wird, dass du in der Nähe scharf sehen kannst.

Entspannt er, stellst du deine Augen damit wieder für die Ferne scharf. Dieser gesamte Prozess wird von vielen Dingen beeinflusst, wie zum Beispiel von einer Kurz- oder Weitsichtigkeit oder auch vom schwächer werdenden Ziliarmuskel, was über kurz oder lang als Alterserscheinung auftritt.

Um die Koordination zwischen Akkommodation und Vergenz sicherzustellen, ist ein Ausgleich eines Sehdefizits durch z. B. Kontaktlinsen für das Sehen im Fußball wichtig. Ein kurzsichtiger Spieler ohne Sehhilfe ist zum Beispiel auf nahe Distanz nicht darauf angewiesen, zu akkommodieren. Demzufolge würde diese Fähigkeit verlernt werden, weil der Ziliarmuskel nicht regelmäßig benutzt wird. Denn durch die Kurzsichtigkeit wären die Augen eines solchen Spielers beim Blick auf kurze Distanz in einer nicht akkommodierten Position, so wie es ein Normalsichtiger nur auf lange Distanz wäre.

Klingt kompliziert, darum noch einmal für die Praxis einfach zusammengefasst: Trage beim Fußball und beim Training der visuellen Fähigkeiten Kontaktlinsen, wenn du welche brauchst.

DIE VIER TRAININGSBAUSTEINE

Um diese zahlreichen Fähigkeiten zu verbessern, habe ich mir in den letzten Jahren verschiedene Trainingsmethoden überlegt und getestet, mit denen du einen großen Fortschritt für deine letztendliche Spielleistung erzielen kannst. Die vier Trainingsbausteine kombinieren mehrere der erläuterten Ebenen und sind teilweise in Trainingsblöcke – also in verschiedene Schwerpunkte in dem Bereich – und durchgehend in diverse Challenges untergliedert.

Diese ermöglichen es dir, immer auf deinem jeweiligen Leistungslevel zu arbeiten und dich nach und nach zu steigern. Der Fokus des Trainings liegt vor allem darauf, deine Orientierung in Verknüpfung mit deinen Bewegungen auf dem Platz nach und nach zu automatisieren und dein visuelles System zu optimieren, sodass diese Informationen auch aufgenommen und verarbeitet werden können.

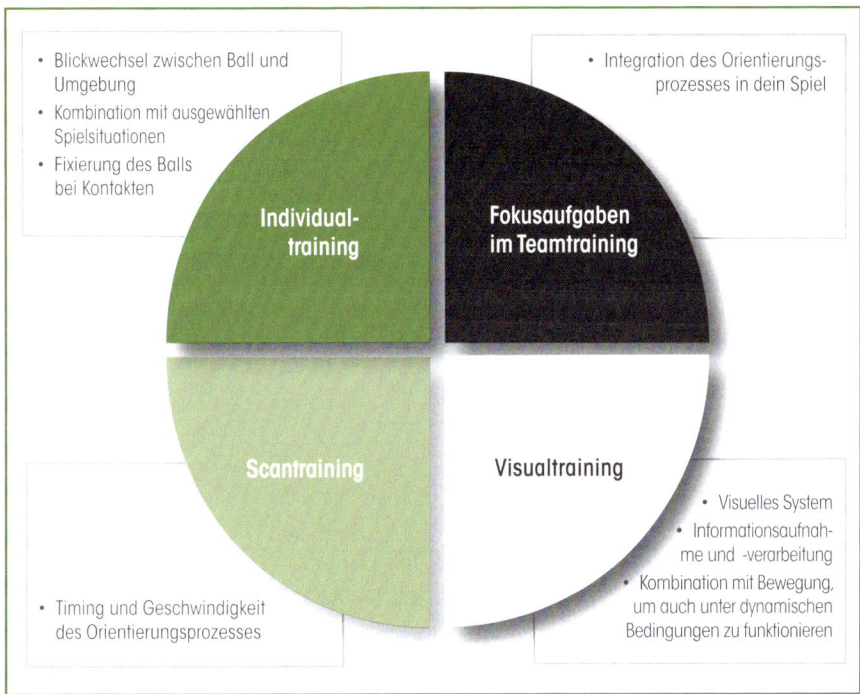

Abb. 14: Übersicht über die Trainingsbausteine

Das Individualtraining verbindet vor allem die Blickwechsel zwischen Ball und Umgebung. Zunächst wirst du die Basis legen und anschließend mithilfe des Fragebogens genau diese Trainingsblöcke auswählen können, die den größten Fortschritt für dein Spiel bringen. In einigen Blöcken wird zudem der Fokus auf den Ebenen der Positionierung und der Körperstellung liegen.

Das Scantraining fordert dein Timing und die Geschwindigkeit deines Orientierungsprozesses. Dadurch, dass du außer Drehungen keine weiteren motorischen Aufgaben hast, kannst du dich voll und ganz auf deine Schulterblicke und den Ballfokus konzentrieren. Und genau das brauchst du auch, weil diese Dinge auf Profiniveau gefordert sein werden.

Die Fokusaufgaben für dein Mannschaftstraining helfen dir, Schritt für Schritt deinen verbesserten Orientierungsprozess in dein persönliches Spiel zu integrieren. Letztendlich musst du in einer Drucksituation Handlungen automatisiert haben, damit sie auch funktionieren. Dieser Prozess läuft nicht auf Knopfdruck ab. Darum wirst du mit kleinen Schritten dein Spiel dahin gehend verändern. Und zwar so, dass du nicht gleich überfordert bist oder deine Leistung zunächst darunter leidet.

Im Visualtraining geht es konkret um deine visuelle Wahrnehmung. Das, was an Informationen an deinen Augen als Lichtreize ankommt, soll ideal registriert und verarbeitet werden. Genau das werden wir in diesem Kapitel testen und trainieren.

Jetzt wird es spannend. Wir starten mit den verschiedenen Trainingsblöcken. Konzentriere dich dabei bitte zunächst einmal nur auf das Lesen und Verstehen, sowie auf die visuellen Tests. Der konkrete Trainingsplan befindet sich im anschließenden Kapitel. Meine Empfehlungen, welche Übungen wann für dich sinnvoll sind, werde ich dir an passender Stelle geben. Es wird hier und da vorkommen, dass ich dich bitten werde, eine Notiz im später folgenden Plan anzufertigen.

Für manche Übungen habe ich dir unter dem QR-Code im jeweiligen Kapitel Videos bereitgestellt, damit du eine noch bessere Vorstellung von der Übung bekommst und dir das Training erleichtert wird.

© picture alliance/dpa | Thomas Frey

5

FUSSBALLSPEZIFISCHES INDIVIDUALTRAINING

Im Baustein des Individualtrainings geht es darum, dass du für dich alleine auf dem Platz an fußballspezifischen Aufgaben in Verbindung mit dem Orientierungsprozess arbeitest. Die Ebenen der Blickstrategie und Körperposition sind primär relevant in diesen Aufgabenblöcken. Warum sie von Bedeutung für dein Spiel sind, hast du im vorherigen Kapitel schon erfahren.

Wir arbeiten hier sehr fußballspezifisch und wie du merken wirst, spielt das visuelle System nach und nach eine immer größere Rolle. Zum Start wird jedoch vor allem der Wechsel zwischen Ballfokus und Orientierung im Mittelpunkt stehen.

5.1 DIE BASICS I

Beim Basics-Aufgabenblock liegt der Schwerpunkt auf einem koordinierten Blickwechsel zwischen dem Ball und den visuellen Reizen, die sich in deinem Rücken befinden. Das wird dir anfangs wahrscheinlich schwerer fallen, als du denkst.

Die meisten Übungen im Bereich des Individualtrainings sind so gestaffelt, dass du eine 80-Prozent-Quote erreichst und anschließend zur nächsten Schwierigkeitsstufe übergehst. Hierbei ist das Ziel, dich nach und nach mehr zu fordern. Wir streben weder bei komplexen noch bei relativ isolierten Übungen eine Perfektion an. Denn keine Situation ist im Fußball identisch mit einer anderen. Es geht im Trainingsprozess mehr darum, Fehler zu provozieren und aus ihnen zu lernen.

Zudem ist das sogenannte *differenzielle Lernen* inzwischen ein nachgewiesen positiver Lernansatz im Vergleich zur simplen Wiederholungsmethode. Er besagt, dass motorisches Lernen besser gelingt, wenn immer wieder Variationen in den Bewegungsablauf eingestreut werden. Klassischerweise kann das dann so gestaltet werden, dass verschiedene Armbewegungen, Fußpositionen oder andere Abänderungen in eine bekannte Bewegung eingestreut werden.

Wir erreichen diese Abweichungen der Bewegungsausführung durch die stetige Steigerung der Schwierigkeit mit visuellen und kognitiven Anforderungen. Zu Beginn wird schon alleine die Kopfdrehung für einen großen Variantenreichtum an Bewegungsabläufen sorgen.

Je höher die Fehlerquote ist, desto mehr wird das differenzielle Lernen provoziert. Darum reicht uns eine gewisse Erfolgsquote bei der jeweiligen Übung aus und wir vermeiden es, Bewegungsabläufe bis zur Perfektion einzuschleifen.

Wichtig ist dabei, dass du deinen Erfolg immer nur dann beurteilst, wenn du die Aktionen in deinem Spieltempo durchführst. Natürlich ist es mit geringerer Passgeschwindigkeit deutlich einfacher, weil du für jede Kopfdrehung mehr Zeit hast. Das kann durchaus Sinn machen, wenn du mit einer Übung zu Beginn Schwierigkeiten hast. Aber um auch in deinem Training und Spiel ideale Lernfortschritte zu erzielen, ist es essenziell, deine Leistung immer erst in der Tempoaktion zu bewerten.

Ich empfehle dir deshalb, erst dann zur nächsten Challenge überzugehen, wenn du die 80-Prozent-Hürde auch in deinem spezifischen Spieltempo erreichst. Beim folgenden Basics-Block betrifft das konkret die Passschärfe.

Wenn du schon Profi bist, wirst du die ersten Aufgaben in ein paar Minuten erledigen. Bist du in deiner Entwicklung noch nicht so weit, kann es sein, dass die Basisübungen dich sogar ein paar Einheiten lang fordern werden. Durch das 80-Prozent-Limit wirst du allerdings ganz individuell auf deinem spezifischen Leistungslevel trainieren und dort, wo du noch Defizite aufweist, automatisch mehr Zeit verbringen.

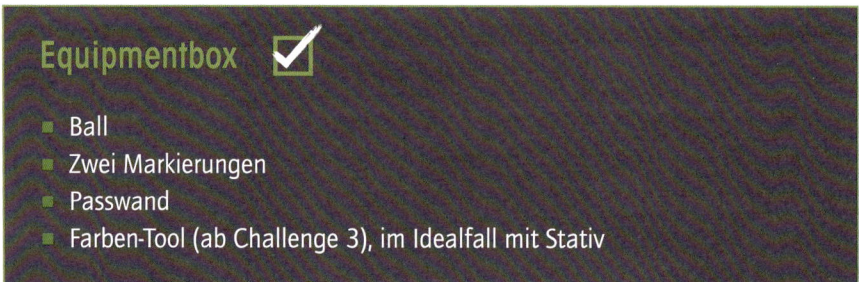

Equipmentbox ☑

- Ball
- Zwei Markierungen
- Passwand
- Farben-Tool (ab Challenge 3), im Idealfall mit Stativ

Aufbau

Nimm dir zwei Hütchen (zwei Schuhe oder andere Markierungen reichen auch) und stell sie circa zwei Meter von einer Passwand entfernt auf. Die Markierungen sollten zueinander einen Abstand von circa einem Meter haben.

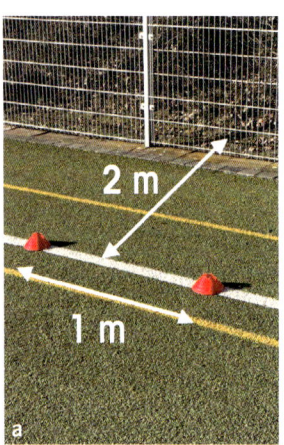

Abb. 15a/b: Aufbau Basics I

Für höhere Schwierigkeitsstufen benötigst du noch ein Farben-Tool in deinem Rücken. Hierfür habe ich verschiedene Videos mit Zufallsfarben vorbereitet. Du findest den Link dazu unter den QR-Codes auf Seite 222. Nutze für diesen Aufgabenblock das Ein-Sekunden-Video.

Am praktischsten ist es, wenn du eine Art Stativ hast, womit du das Tool in circa 5-10 Metern Abstand auf mindestens Hüfthöhe aufstellen kannst. Das sorgt für eine möglichst spielnahe Umsetzung der Aufgaben.

Wenn du dafür kein weiteres Geld ausgeben möchtest, reicht allerdings auch eine Sporttasche, an die du dein Handy oder Tablet lehnst.

Challenge 1

Passe den Ball auf Höhe der Markierungen abwechselnd mit rechts und links direkt gegen die Wand. Spiele den Ball dabei immer erst hinter der Linie, damit du bei jedem Pass mindestens den Wandabstand von zwei Metern einhältst. Nach jedem Pass machst du einen Schulterblick.

Achte dabei darauf, dass du abwechselnd über die linke und über die rechte Schulter schaust, um immer beidseitig zu trainieren. Es wird dir etwas leichter fallen, wenn du nach dem Blick über die linke Schulter auch mit dem linken Fuß spielst und andersrum.

Erfolgreich ist eine Aktion dann, wenn du mit dem richtigen Fuß mit spielgemäßer Passschärfe gespielt hast, du über die richtige Schulter geschaut hast und der Ball anschließend auch zwischen den Markierungen zurückkommt.

Abb. 16a/b: Basics I - Challenge 1

Das Trainingsziel besteht darin, deinen Blick zwischen dem Ball (beim Kontakt) und den Blickzielen im Rücken (zwischen den Kontakten) möglichst gut koordiniert zu wechseln. Wenn du 8 von 10 Versuchen erfolgreich bewältigst, lade ich dich ein, zur nächsten Aufgabe überzugehen.

Kriterien für eine erfolgreiche Aktion:

- Der richtige Fuß führt den Pass aus.
- Der Blick erfolgt über die richtige Schulter.
- Der Ball wird mit spielgemäßer Passschärfe gespielt.
- Der Ball kommt durch das Tor zurück.

> **Hier geht es zum Video**

https://download.m-m-sports.com/extras/360_Grad_Fussballer/Basics_I.mp4

Challenge 2

Der Ablauf ist nahezu identisch mit Aufgabe 1. Nur die visuelle Komponente wird erschwert. Der Schulterblick alleine bringt dir nichts, wenn du die Reize in deinem Rücken nicht klar wahrnehmen kannst. Darum geht es hier in der nächsten Stufe zunächst ums präzise Fixieren.

Abb. 17a/b: Basics I – Challenge 2

Wähle dir einen konkreten Punkt mittig hinter dir aus. Das kann das Handy oder Tablet in 10 Metern Entfernung sein (wie in den Abbildungen), was du schon vorbereitet hast oder etwas wie eine konkrete Stelle auf einer Bande oder ein Baum in größerer Distanz. Bei jedem Schulterblick fixierst du kurz mit deinen Augen diesen Punkt. Ob du über die rechte oder die linke Schulter blickst, nutze den identischen mittigen Punkt.

Wir provozieren somit zum einen eine Drehbewegung, die weit genug ist, dass du im Spiel alles Wichtige in dein Sichtfeld drehst. Zum anderen müssen es deine Augen nach der Drehbewegung schaffen, das Ziel zu fixieren.

Erfolgreich ist eine Aktion dann, wenn du zusätzlich zu den Kriterien von Challenge 1 das Ziel klar mit deinen Augen fixieren kannst.

Sind 8 von 10 Versuchen erfolgreich, empfehle ich dir die nächste Aufgabe.

Challenge 3

Jetzt nutzen wir das erste Mal das Farben-Tool. Nimm den Link unter dem QR-Code und wähle das Ein–Sekunden-Video aus. Baue dein Handy oder Tablet circa 5-10 Meter von dir entfernt mittig hinter dir auf. Das Tool ist das zu fixierende Ziel für deine Augen.

Deine Aufgabe ist es jetzt, die jeweilige Farbe zu erkennen und laut anzusagen, bevor du den nächsten Ballkontakt machst. Dieser Zeitdruck sorgt dafür, dass die Aktion nur dann erfolgreich wird, wenn die Informationsaufnahme über deine Augen sowie die Verarbeitung in deinem Gehirn schnell genug war.

Abb. 18: Basics I – Challenge 3

Entscheidend für eine erfolgreiche Aktion ist neben den bisherigen Kriterien das Erkennen und Aussprechen der richtigen Farbe vor dem nächsten Ballkontakt.

Sind 8 von 10 Versuchen erfolgreich, wartet Challenge 4 auf dich.

Challenge 4

Die visuellen Anforderungen werden in Aufgabe 4 nicht weiter gesteigert, aber dafür die kognitiven und koordinativen. Die Farbe, die dir angezeigt wird, bestimmt für dich den Fuß, mit dem du den nächsten Pass spielst.

Dabei gilt:

ROT und GRÜN = rechter Fuß
BLAU und GELB = linker Fuß
(Als kleine Eselsbrücke für dich zum leichteren Merken: In „GRÜN" und „ROT" befindet sich ein R, in „BLAU" und „GELB" ein L.)

Die Seite, über die du den Schulterblick machst, spielt zunächst keine Rolle. Erfolgreich ist eine Aktion, wenn du mit dem richtigen Fuß mit spielgemäßer Passschärfe gespielt hast und der Ball anschließend zwischen den Markierungen zurückkam. Der Schulterblick sowie das Erkennen der Farbe sind hierbei grundsätzliche Voraussetzungen, um den richtigen Fuß zu nehmen. Falls du die Übung für dich noch etwas erschweren möchtest, kannst du den Schulterblick abwechselnd über die linke und rechte Schulter durchführen.

Wenn du 8 von 10 Versuchen erfolgreich bewältigt hast, ist der eine Basics-Block für dich abgeschlossen. Welche Aufgabenbereiche im Individualtraining als Nächstes auf dich warten, hängt von deinen persönlichen Präferenzen ab.

Ich werde dir jedoch ein paar Hinweise geben, die dir abhängig von Spielposition und deinen Stärken und Schwächen helfen können, die Blöcke mit dem größten Hebel für dich zu finden. Eine Hilfestellung bietet dir dabei Kap. 9.2.

Um mehr Abwechslung in dein Trainingsprogramm zu bekommen und immer wieder aktive Pausen für die einzelnen Übungen zu haben, lade ich dich dazu ein, dir immer gleich zwei unterschiedliche Schwerpunkte für deine Trainingseinheiten auszuwählen. Der Start erfolgt mit den Blöcken Basics I und Basics II.

NEXT LEVEL

Die Grundlagen hast du gelegt. Möchtest du vor allem dein Hirn noch einmal besonders fordern, habe ich hier noch ein paar weitere Herausforderungen für dich, die speziell dein Arbeitsgedächtnis und deine Konzentration ansprechen. Willst du gleich einen neuen Reiz mit anderen fußballspezifischen Bewegungen und Techniken, springe gerne direkt zum nächsten Kapitel bzw. zu den Trainingsupdates.

Challenge 5

Wie Challenge 4, nur mit folgenden Signalen:

ROT = rechter Fuß, BLAU = linker Fuß
GRÜN und GELB = den gleichen Fuß noch einmal benutzen

Challenge 6

Wie Challenge 4 und 5, nur mit folgenden Signalen:

ROT = rechter Fuß, BLAU = linker Fuß
GRÜN und GELB = mit dem anderen Fuß arbeiten

Challenge 7

Wie Challenge 4-6, nur mit folgenden Signalen:

ROT = rechter Fuß, BLAU = linker Fuß
GRÜN = mit dem gleichen Fuß noch einmal arbeiten
GELB = mit dem anderen Fuß arbeiten

Tab. 2: Überblick: Individualtraining – Basics I

Überblick: Individualtraining – Basics I		
Infos zur Ausführung:		
■ 80 % Erfolgsquote, dann nächste Aufgabe		
■ Alles im Spieltempo		
■ Direktes Passspiel an die Wand (2 m Abstand)		
■ Im Wechsel über die linke und rechte Schulter schauen		
Challenge 1	Direktpass + Kopfdrehung	S. 63 ☐
Challenge 2	Direktpass + Kopfdrehung + visuelles Ziel	S. 64 ☐
Challenge 3	Direktpass + Farbe im Rücken ansagen	S. 65 ☐
Challenge 4	Direktpass + das Signal im Rücken bestimmt den Fuß ROT und GRÜN = rechter Fuß BLAU und GELB = linker Fuß	S. 65 ☐
NEXT LEVEL		S. 66
Challenge 5	Direktpass + das Signal im Rücken bestimmt den Fuß ROT = rechter Fuß, BLAU = linker Fuß GRÜN und GELB = gleicher Fuß noch einmal	S. 66 ☐
Challenge 6	Direktpass + das Signal im Rücken bestimmt den Fuß ROT = rechter Fuß, BLAU = linker Fuß GRÜN und GELB = anderer Fuß	S. 67 ☐
Challenge 7	Direktpass + Signal im Rücken bestimmt den Fuß ROT = rechter Fuß, BLAU = linker Fuß GRÜN = gleicher Fuß noch einmal GELB = anderer Fuß	S. 67 ☐

5.2 DIE BASICS II

In diesem Kapitel geht es um kurze seitliche Ballmitnahmen. Die technischen Anforderungen sind noch nicht wahnsinnig groß, aber ähnlich wie die Basics I helfen sie dir, einen guten Wechsel zwischen Blickfokus auf den Ball und Orientierung im Rücken zu verinnerlichen.

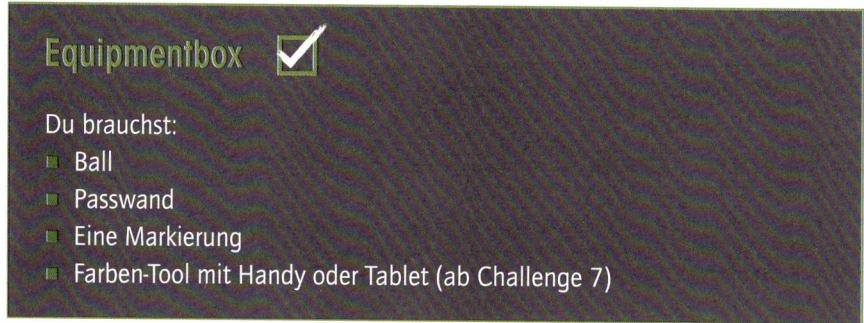

Equipmentbox ✓

Du brauchst:
- Ball
- Passwand
- Eine Markierung
- Farben-Tool mit Handy oder Tablet (ab Challenge 7)

Aufbau

Der Aufbau ist schnell erklärt. Du brauchst ein einzelnes Hütchen circa zwei Meter von deiner Passwand entfernt. Ab Challenge 7 benötigst du das Farben-Tool circa 10 Meter hinter dir. Erneut arbeiten wir mit dem Ein-Sekunden-Farben-Tool.

https://download.m-m-sports.com/extras/360_Grad_Fussballer/Basics_II.MP4

Challenge 1

Abb. 19a-d: Ablauf Basics II – Challenge 1

Stelle dich frontal vor das Hütchen, passe mit dem rechten Fuß rechts vorbei und schaue über die linke Schulter. Nimm den Ball mit der rechten Innenseite vor dem Hütchen auf die linke Seite mit und wiederhole den Ablauf mit dem linken Fuß.

Kriterien für eine erfolgreiche Aktion:

- Der Pass erfolgt mit dem richtigen Fuß.
- Das Tempo der Aktion ist spielnah.
- Der Schulterblick ist vorhanden.
- Der Ball kommt auf der richtigen Seite zurück.

Wie inzwischen gewohnt, lade ich dich bei 8 von 10 erfolgreichen Aktionen ein, zur nächsten Challenge überzugehen.

Challenge 2

Abb. 20a-c: Ablauf Basics II – Challenge 2

Der Ablauf von Challenge 1 ist hier der Gleiche. Jedoch wird der Kontakt um das Hütchen mit dem Außenrist des Innenfußes durchgeführt. Und wie beim Autofahren gilt: Den Schulterblick nicht vergessen!

8/10 geschafft? Nächste Challenge!

Challenge 3

Im Wechsel zweimal mit dem Innenrist und zweimal mit dem Außenrist den Ball mitnehmen.

Challenge 4

Der Ablauf erfolgt wie bei Challenge 1. Der Unterschied besteht darin, dass du nicht nur den Schulterblick machst, sondern ähnlich wie bei den Basics von dir vorher ein zentrales Blickziel festgelegt wird, was du bei jedem Scannen mit deinen Augen fixierst.

Challenge 5

Mit dem Außenrist den Ball mitnehmen und ein visuelles Ziel im Rücken fixieren.

Challenge 6

Zweimal mit dem Innenrist und zweimal mit dem Außenrist den Ball mitnehmen plus ein visuelles Ziel im Rücken fixieren.

Challenge 7

Nutze wie bei Challenge 1 und 4 die Innenseite des äußeren Fußes für die Mitnahme zur anderen Seite. Beim Scannen sagst du jedoch die Farbe vom Tool (Ein-Sekunden-Tool circa 10 Meter hinter dir) an.

Challenge 8

Den Ball mit dem Außenrist mitnehmen plus die Farbe im Rücken ansagen.

Challenge 9

Den Ball zweimal mit dem Innenrist und zweimal mit dem Außenrist mitnehmen plus die Farbe im Rücken ansagen.

Challenge 10

Die Farbe im Rücken bestimmt deine anschließende Aktion.

ROT, GRÜN = rechter Fuß; BLAU, GELB = linker Fuß
(Eselsbrücke: ein „R" in ROT und GRÜN, ein „L" in BLAU und GELB)

Wenn du beispielsweise auf der rechten Seite Rot oder Grün siehst, müsstest du den Ball mit der rechten Innenseite zur anderen Seite mitnehmen. Bekommst du Rot oder Grün auf der linken Seite, bedeutet das, dass du mit dem rechten Außenrist den Kontakt nach rechts machst.

Es ist eine erfolgreiche Aktion, wenn du eine spielnahe Passschärfe hattest, die Farbe erkannt und richtig reagiert hast und den Ball so quer legst, dass du mit dem nächsten Kontakt gleich wieder passen kannst.

8/10 erfolgreich → nächste Challenge!

Challenge 11

Wie Challenge 10, aber:

ROT, GRÜN = Mitnahme des Balls mit dem Innenrist

BLAU, GELB = Mitnahme des Balls mit dem Außenrist

Die Schwierigkeit besteht darin, dass jede Farbe sowohl für den linken als auch für den rechten Fuß stehen kann. Je nachdem, auf welcher Seite du dich befindest.

Challenge 12

ROT = rechter Fuß; BLAU = linker Fuß

GRÜN = Mitnahme des Balls mit dem Außenrist

GELB = Mitnahme des Balls mit dem Innenrist

Tab. 3: Überblick: Individualtraining – Basics II

Überblick: Individualtraining – Basics II			
Infos zur Ausführung: ■ 80 % Erfolgsquote, dann nächste Aufgabe ■ Alles im Spieltempo ■ Passspiel an die Wand (2 m Abstand) plus seitliche Mitnahme			
Challenge 1	Pass, Kopfdrehung + Mitnahme mit der Innenseite	S. 69	☐
Challenge 2	Pass, Kopfdrehung + Mitnahme mit der Außenseite	S. 70	☐
Challenge 3	2 x Mitnahme Innenseite, 2 x Mitnahme mit der Außenseite	S. 70	☐
Challenge 4	Mitnahme mit dem Innenrist + visuelles Ziel im Rücken	S. 70	☐
Challenge 5	Mitnahme mit dem Außenrist + visuelles Ziel im Rücken	S. 70	☐
Challenge 6	2 x mit dem Innenrist, 2 x mit dem Außenrist + visuelles Ziel	S. 70	☐
Challenge 7	Mitnahme mit dem Innenrist + Farbe ansagen	S. 71	☐
Challenge 8	Mitnahme mit dem Außenrist + Farbe ansagen	S. 71	☐
Challenge 9	2 x Innenrist, 2 x mit dem Außenrist + Farbe ansagen	S. 71	☐
Challenge 10	Pass + Farbsignal bestimmt den Fuß bei Mitnahme ROT, GRÜN = rechter Fuß; BLAU, GELB = linker Fuß	S. 71	☐
Challenge 11	Pass + Farbsignal bestimmt die Technik bei Mitnahme ROT, GRÜN = Mitnahme mir dem Innenrist BLAU, GELB = Mitnahme mit dem Außenrist	S. 71	☐
Challenge 12	Pass + Farbsignal bestimmt die Ballmitnahme ROT = rechter Fuß, BLAU = linker Fuß GRÜN = Mitnahme mit dem Außenrist, GELB = Mitnahme mit dem Innenrist	S. 72	☐

Wenn du diese Challenges noch nicht bewältigt hast, lies zunächst beim Individualtraining nicht weiter, sondern springe direkt zum nächsten Hauptkapitel. Ich möchte dich ungern mit Informationen überfrachten und die übrigen Challenges des Individualtrainings sind noch nicht entscheidend.

Erst wenn du einen der Basics-Blöcke komplett bewältigt hast, solltest du einen neuen Block starten. Mehr Informationen zu deiner idealen Auswahl der anschließenden Übungen – nach Bewältigen eines Basics-Blocks – erhältst du in Kap. 9.2.

5.3 DER ERSTE KONTAKT – VARIABLE TECHNIKEN

Wenn es eine Schwäche von dir ist, offen zu stehen, bevor der Ball zu dir kommt oder du variablere Lösungen beim ersten Kontakt haben möchtest, eignet sich dieser Trainingsblock für dich ideal. Es geht darum, in eine vorgegebene Richtung den Ball mitzunehmen und diesen Aspekt wieder mit verschiedenen Orientierungsaufgaben zu kombinieren. Wir haben wie bei den Basics auch wieder die 80-Prozent-Hürde, über die du springen solltest, bevor du zur nächsten Aufgabe übergehst.

Entscheidend für deinen Lernfortschritt und einen späteren Übertrag ins Spiel wird wieder sein, dass du die Aktion mit Spieltempo durchführst bzw. zumindest die letztendliche Bewertung der Quote daran misst.

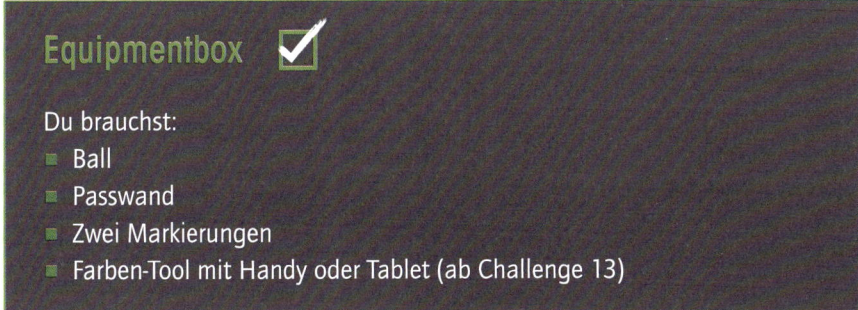

Equipmentbox ✓

Du brauchst:
- Ball
- Passwand
- Zwei Markierungen
- Farben-Tool mit Handy oder Tablet (ab Challenge 13)

Aufbau

Nimm dir zwei Hütchen (zwei Schuhe oder andere Markierungen reichen auch) und stelle sie circa zwei Meter von einer Passwand, Hauswand oder von etwas anderem, wovon der Ball gut zurückprallt, entfernt auf. Sie sollten zueinander einen Abstand von circa 1-2 Meter haben. Teste dazu am besten die erste Challenge aus und schaue, wie lang dein erster Kontakt sein muss, um den Ball mit Tempo, aber auch mit Kontrolle mitzunehmen und somit um das Hütchentor zu gelangen.

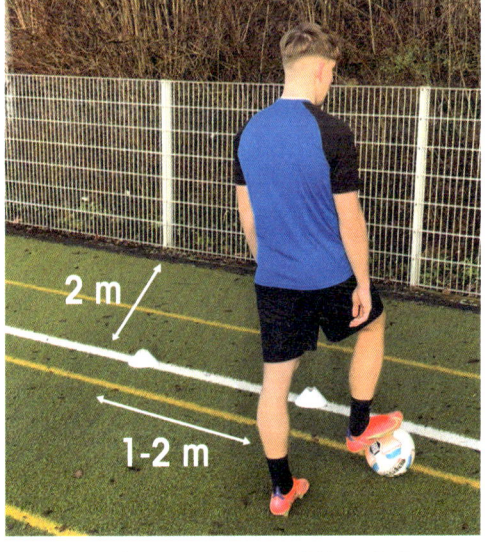

Abb. 21: Aufbau 1. Kontakt – variable Techniken

Für höhere Schwierigkeitsstufen benötigst du noch ein Farben-Tool in deinem Rücken. Hierfür habe ich verschiedene YouTube®-Videos mit Zufallsfarben vorbereitet. Du findest den Link dazu unter dem QR-Code auf Seite 222. Nutze für diesen Aufgabenblock das Ein-Sekunden-Video.

Am praktischsten ist es, wenn du eine Art Stativ hast, womit du das Tool mit circa 10 Meter Abstand zu den Hütchen in deinem Rücken mindestens auf Hüfthöhe aufstellen kannst. Das sorgt für eine möglichst spielnahe Umsetzung der Aufgaben.

Wenn du dafür kein Geld ausgeben möchtest, reicht allerdings auch eine Sporttasche, an die du dein Handy oder Tablet lehnst.

Challenge 1

Abb. 22a-d: Ablauf erster Kontakt – variable Techniken – Challenge 1

Passe rechts neben dem Tor stehend den Ball mit deinem rechten Fuß gegen die Wand. Die Phase, in der der Ball unterwegs ist, nutzt du, um dich schnell in eine offene Stellung zur Gegenrichtung zu bringen. Den zurückprallenden Ball nimmst du mit der Innenseite des „neuen" Außenfußes (im Beispiel links) parallel zum Hütchentor nach vorne mit.

Mit VORNE ist immer die simulierte Spielrichtung gemeint, in die du den Ball mitnehmen sollst. Schließlich wollen wir im Spiel auch möglichst zielstrebig zum gegnerischen Tor kommen. Im Idealfall ist dein Tempo und die Mitnahme so dosiert, dass du direkt mit dem nächsten Kontakt auf der anderen Seite die Aktion seitenverkehrt wiederholen kannst und keinen Zwischenkontakt benötigst.

Erfolgreich ist eine Aktion dann, wenn du mit dem richtigen Fuß mit spielgemäßer Passschärfe gespielt hast und du mit der Innenseite des anderen Fußes in den Ball „reingehen" und ihn parallel zu den Hütchen nach vorne mitnehmen kannst. Denn das geht nur, wenn du wirklich offen standest. Eine Mitnahme aus der Drehung gilt nicht als erfolgreiche Aktion.

Wenn du 8 von 10 Versuchen erfolgreich bewältigst, lade ich dich ein, zur nächsten Aufgabe überzugehen.

Kriterien für eine erfolgreiche Aktion:

- Der Pass wird mit dem richtigen Fuß ausgeführt.
- Er erfolgt mit der spielgemäßen Passschärfe.
- Die Mitnahme des Balls nach „vorne" erfolgt mit der Innenseite des wandfernen Fußes.
- Die offene Stellung soll VOR dem ersten Kontakt eingenommen werden.

Hier geht es zum Video

https://download.m-m-sports.com/extras/360_Grad_Fussballer/Mitnahme_offene_Stellung.MP4

Challenge 2

Abb. 23a-d: Ablauf erster Kontakt – variable Technik – Challenge 2

Dribble mit dem Ball nach rechts parallel zu den Hütchen, bis du hinter dem Hütchen mit dem rechten Fuß an die Wand passen kannst. Wenn der Ball entgegenkommt, stellst du dein linkes Bein ein Stück nach vorne und nimmst mit der rechten Innenseite den Ball nach links hinter dem Standbein mit.

Im Idealfall ist dein Tempo und die Mitnahme so dosiert, dass du direkt mit dem nächsten Kontakt auf der anderen Seite die Aktion mit links wiederholen kannst.

Erfolgreich ist eine Aktion dann, wenn du mit dem richtigen Fuß mit spielgemäßer Passschärfe gespielt hast und du mit der Innenseite den Ball hinter dem Standbein parallel zum Tor nach vorne mitnehmen kannst. Achte bei der Bewertung darauf, dass der Ball in die richtige Richtung rollt und nicht schräg.

Wenn du 8 von 10 Versuchen erfolgreich bewältigst, empfehle ich dir die nächste Challenge.

> Hier geht es
> zum Video

https://download.m-m-sports.com/extras/360_Grad_Fussballer/ Mitnahme_hinterm_Standbein.MP4

Challenge 3

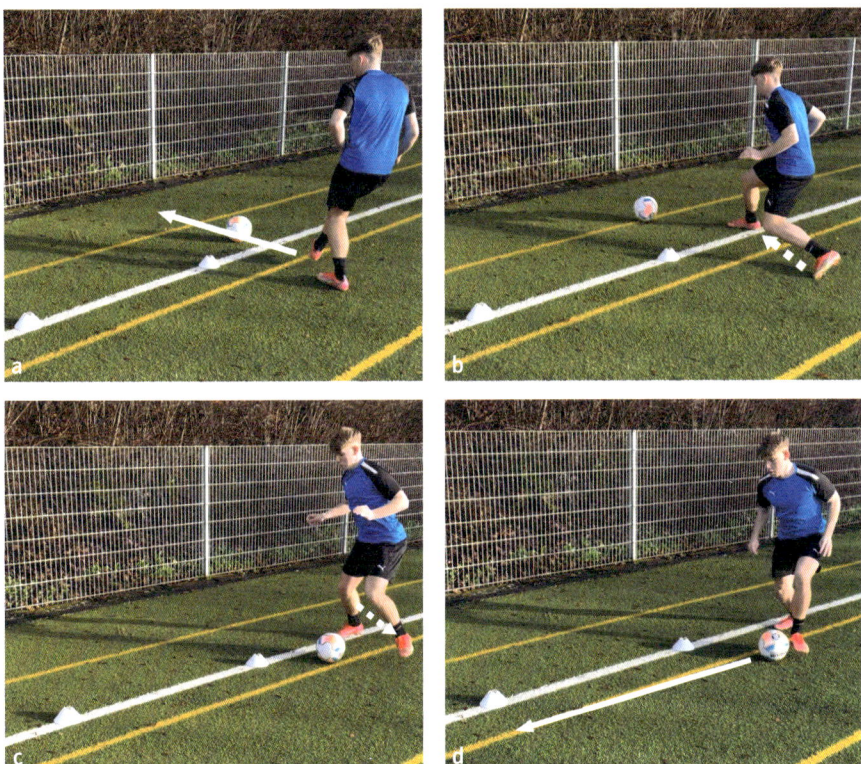

Abb. 24a-d: Ablauf erster Kontakt – variable Technik – Challenge 3

Dribble mit dem Ball parallel zu den Hütchen nach rechts, bis du hinter dem Hütchen mit dem rechten Fuß an die Wand passen kannst. Die Phase, in der der Ball unterwegs ist, nutzt du, um dich schnell in eine offene Stellung zur Gegenrichtung zu bringen.

Bevor du den Ball wie in Challenge 1 mitnimmst, täuschst du durch eine Körpertäuschung eine Mitnahme in Richtung Wand (Passgeber) an. Setze dafür bereits in der offenen Stellung deinen rechten Fuß in Richtung Wand und lehne auch deinen Oberkörper auf diese Seite.

Anschließend nimmst du den Ball wie in Challenge 1 mit der Innenseite des linken Fußes parallel zu den Hütchen nach „vorne" mit. Im Idealfall ist dein Tempo und die Mitnahme so dosiert, dass du direkt mit dem nächsten Kontakt auf der anderen Seite die Aktion seitenverkehrt wiederholen kannst.

Diese Technik eignet sich im Spiel dazu, schon vor dem ersten Kontakt den Gegner in die falsche Richtung zu locken, um anschließend mehr Platz in deine Wunschrichtung zu haben. Die Schwierigkeit liegt darin, vorher trotzdem in die offene Stellung zu kommen.

Erfolgreich ist eine Aktion dann, wenn du mit dem richtigen Fuß mit spielgemäßer Passschärfe gespielt hast und du eine Körpertäuschung in Richtung Wand VOR dem ersten Kontakt durchgeführt hast. Anschließend soll der Ball mit spielgemäßem Tempo parallel zu den Hütchen mit der Innenseite „nach vorne" mitgenommen werden.

Wenn du 8 von 10 Versuchen erfolgreich bewältigt hast, folgt die nächste Challenge.

Challenge 4

Abb. 25a-d: Ablauf erster Kontakt – variable Technik – Challenge 4

Dribble mit dem Ball nach rechts parallel zu den Hütchen, bis du hinter dem Hütchen mit dem rechten Fuß an die Wand passen kannst. Wenn der Ball entgegenkommt, stellst du dein linkes Bein ein Stück nach vorne und holst mit rechts aus, als würdest du den Ball in die gleiche Richtung zurückpassen wollen. Anschließend drehst du mit der gleichen Bewegung dein Bein ein und nimmst mit der rechten Innenseite den Ball nach links hinter dem Standbein mit.

Im Idealfall ist dein Tempo und die Mitnahme so dosiert, dass du direkt mit dem nächsten Kontakt auf der anderen Seite die Aktion mit links wiederholen kannst.

Erfolgreich ist eine Aktion dann, wenn du mit dem richtigen Fuß mit spielgemäßer Passschärfe gespielt hast, eine passähnliche Ausholbewegung eingebaut hast und du mit der Innenseite den Ball hinter dem Standbein parallel zum Tor nach vorne mitnehmen kannst. Achte bei der Bewertung darauf, dass der Ball in die richtige Richtung rollt und nicht schräg.

Wenn du 8 von 10 Versuchen erfolgreich bewältigst, kommt die Orientierung hinzu.

Challenge 5

Abb. 26a-d: Ablauf erster Kontakt – variable Technik – Challenge 5

Hier arbeiten wir mit der exakten Technik wie bei Challenge 1 (offene Stellung). Als Erweiterung kommt die Kopfdrehung hinzu. Schaue, nachdem du den Pass gespielt hast, über deine Schulter. Anschließend geht es wie in Challenge 1 weiter mit einer Mitnahme mit der Innenseite.

Du kennst das Spielchen inzwischen: 8/10 ist das Ziel. Dann geht es zur nächsten Challenge. Ab jetzt werde ich es in diesem Trainingsblock nicht mehr wiederholen. Das Prinzip gilt jedoch durchgehend.

Challenge 6

Verbinde die Technik von Challenge 2 (hinter dem Standbein) mit einer Kopfdrehung, während der Ball unterwegs ist.

⇨ Der Pass erfolgt mit rechts, der Schulterblick links, die Mitnahme des Balls mit rechts hinter dem Standbein.

Challenge 7

Verbinde die Technik von Challenge 3 (offene Stellung plus Körpertäuschung) mit einer Kopfdrehung, während der Ball unterwegs ist.

⇨ Der Pass erfolgt mit rechts, der Schulterblick links, die Körpertäuschung mit einer Bewegung des rechten Fußes, die Mitnahme des Balls mit der linken Innenseite.

Challenge 8

Verbinde die Technik von Challenge 4 (hinter dem Standbein plus Passfinte) mit einer Kopfdrehung, während der Ball unterwegs ist.

⇨ Der Pass erfolgt mit rechts, der Schulterblick links, die Passfinte rechts, die Mitnahme des Balls mit rechts hinter dem Standbein.

Challenge 9

Verbinde die Technik aus Challenge 1 (offene Stellung) mit einem visuellen Ziel im Rücken.

Das Prinzip der Steigerung kennst du inzwischen schon von den Basics I. Wähle dir wieder einen mittigen Punkt hinter deinem Rücken, den du bei Kopfdrehungen in beiden Richtungen fixierst.

Challenge 10

Verbinde die Technik aus Challenge 2 (hinter dem Standbein) mit einem visuellen Ziel im Rücken.

Challenge 11

Verbinde die Technik aus Challenge 3 (offene Stellung plus Körpertäuschung) mit einem visuellen Ziel im Rücken.

Challenge 12

Verbinde die Technik aus Challenge 4 (hinter dem Standbein plus Passfinte) mit einem visuellen Ziel im Rücken.

Challenge 13

Verbinde die Technik aus Challenge 1 (offene Stellung) mit dem Ansagen der aufleuchtenden Farbe im Rücken.

Das Prinzip der Steigerung kennst du inzwischen schon von den Basics I. Nutze dazu wieder das Farben-Tool (QR-Code Seite 222) mit einer Sekunde Wechselfrequenz.

Challenge 14

Verbinde die Technik aus Challenge 2 (hinter dem Standbein) mit dem Ansagen der aufleuchtenden Farbe im Rücken.

Challenge 15

Verbinde die Technik aus Challenge 3 (offene Stellung plus Körpertäuschung) mit dem Ansagen der aufleuchtenden Farbe im Rücken.

Challenge 16

Verbinde die Technik aus Challenge 4 (hinter dem Standbein plus Passfinte) mit dem Ansagen der aufleuchtenden Farbe im Rücken.

Challenge 17

Wechsle beide Basistechniken ab: zweimal offene Stellung und zweimal die Mitnahme hinter dem Standbein.

Challenge 18

Wechsle beide Techniken inklusive Finte ab: zweimal die offene Stellung mit Körpertäuschung und zweimal die Mitnahme hinter dem Standbein mit Passfinte.

Challenge 19

Kombiniere die Challenge 18 mit Schulterblicken.

Challenge 20

Kombiniere Challenge 18 mit einem visuellen Ziel.

Ab jetzt werden die Aufgaben kognitiv erschwert. Das heißt konkret, dass du auf das reagieren musst, was in deinem Rücken angezeigt wird.

Challenge 21

Der Ablauf der verschiedenen Techniken und des Orientierungsprozesses bleibt identisch. Doch nun stehen zwei Farben (ROT und BLAU) für die offene Stellung und die Mitnahme mit der Innenseite des fernen Fußes und die anderen zwei Farben (GELB und GRÜN) für die Variante hinter dem Standbein.

Immer noch gilt, dass alle Aktionen im Spieltempo erfolgen sollten und du 8 von 10 Aktionen erfolgreich bewältigen solltest, bevor du zur nächsten Aufgabe gehst. Natürlich möchte ich dir hier nichts vorschreiben und letztendlich kannst du tun und lassen, was du willst. Da ich die einzelnen Stufen jedoch methodisch aufeinander aufgebaut habe, ist die Wahrscheinlichkeit sehr groß, dass du mit einer Stufe überfordert bist, wenn du die vorherige überspringst.

Challenge 22

Kombiniere den technischen Ablauf wie in Challenge 21 mit einer zusätzlichen Passfinte bzw. Körpertäuschung.

Challenge 23

Die Mitnahme des Balls erfolgt nach einem Signal im Rücken.

ROT, GRÜN = rechter Fuß; BLAU, GELB = linker Fuß

Der Unterschied zu den vorherigen Varianten liegt darin, dass z. B. „Rot" rechts neben dem Tor der Mitnahme hinter dem Standbein entspricht, aber auf der anderen Seite dem Aufdrehen.

Auch hier gilt wie immer 80 Prozent im Spieltempo durchführen.

Challenge 24

Kombiniere den technischen Ablauf von Challenge 23 mit einer Finte beim ersten Kontakt.

Challenge 25

ROT = rechter Fuß; BLAU = linker Fuß

GRÜN = rechter Fuß plus Finte; GELB = linker Fuß plus Finte

Challenge 26

ROT = rechter Fuß; BLAU = linker Fuß

GRÜN = offene Stellung; GELB = hinter dem Standbein

Das ist kognitiv schon höchst anspruchsvoll, da Gelb und Grün sowohl für den linken als auch für den rechten Fuß stehen können und Rot und Blau beide Techniken beinhalten. Viel Erfolg. Und gönne dir deine Pausen. Nicht verzweifeln, falls es nicht gleich klappt.

Challenge 27

Wie Challenge 26, aber inklusive der Finten bei jeder Aktion

NEXT LEVEL

Abb. 27a-d: Ablauf erster Kontakt – variable Technik – Next Level

Wenn du in diesen Bereichen weiterarbeiten möchtest und vor allem den Fokus auf den Orientierungsprozess auf die Spitze treiben möchtest, gehe alle Challenges von 1-27 noch einmal mit einer zusätzlichen Orientierungsphase durch.

Das heißt konkret, dass du nicht nur, während der Ball nach deinem Pass unterwegs ist, über die Schulter schaust, sondern zudem nach deinem ersten Kontakt ein weiteres Mal in Richtung des Tools oder des visuellen Ziels. Gestalte das Ganze so, dass du die jeweilige Schwierigkeitsstufe auch bei diesem Schulterblick einbaust. Also, wenn es um das visuelle Ziel geht, blicke auch in der zweiten Orientierungsphase auf das visuelle Ziel.

Eine andere Herangehensweise (mit mehreren kleinen Schritten) wäre es, wenn du die Challenges 1-27 „nur" mit dem zusätzlichen Schulterblick bewältigst. Anschlie-ßend kannst du von vorne mit visuellem Ziel anfangen und im letzten Schritt so, dass du die aufleuchtende Farbe ansagst. Mit dieser Variante hättest du in Sum-me 108 kleine und große Challenges, die dich herausfordern.

Tab. 4: Überblick Individualtraining – erster Kontakt – Techniken

Überblick: Individualtraining – variable Techniken			
Infos zur Ausführung: ■ 80 Prozent Erfolgsquote, dann nächste Aufgabe ■ Alles im Spieltempo ■ Passspiel an die Wand (zwei Meter Abstand) ■ Ballmitnahmen um das Hütchentor (1-2 Meter breit)			
Challenge 1	Pass, sich in die offene Stellung begeben + Mitnahme wandfernen Fuß	S. 74	☐
Challenge 2	Ballmitnahme mit dem äußeren Fuß hinter dem Standbein	S. 76	☐
Challenge 3	Offene Stellung + Körpertäuschung	S. 77	☐
Challenge 4	Passfinte + Mitnahme hinter dem Standbein	S. 79	☐
Challenge 5	Offene Stellung + Kopfdrehung	S. 80	☐
Challenge 6	Mitnahme hinter dem Standbein + Kopfdrehung	S. 81	☐
Challenge 7	Offene Stellung, Körpertäuschung + Kopfdrehung	S. 81	☐
Challenge 8	Passfinte, Mitnahme hinter dem Standbein + Kopfdrehung	S. 81	☐
Challenge 9	Offene Stellung + visuelles Ziel im Rücken	S. 81	☐
Challenge 10	Mitnahme hinter dem Standbein + visuelles Ziel im Rücken	S. 81	☐
Challenge 11	Offene Stellung, Körpertäuschung + visuelles Ziel im Rücken	S. 82	☐
Challenge 12	Passfinte, Mitnahme hinter dem Standbein + visuelles Ziel im Rücken	S. 82	☐
Challenge 13	Offene Stellung + Farbe ansagen	S. 82	☐
Challenge 14	Mitnahme hinter dem Standbein + Farbe ansagen	S. 82	☐
Challenge 15	Offene Stellung, Körpertäuschung + Farbe ansagen	S. 82	☐
Challenge 16	Passfinte, Mitnahme hinter dem Standbein + Farbe ansagen	S. 82	☐
Challenge 17	2 x offene Stellung, 2 x Mitnahme hinter dem Standbein	S. 82	☐
Challenge 18	Beide Techniken + Finte	S. 83	☐
Challenge 19	Challenge 18 + Kopfdrehung	S. 83	☐
Challenge 20	Challenge 18 + visuelles Ziel	S. 83	☐
Challenge 21	Das Farbsignalsignal bestimmt die Technik: ROT, BLAU = offene Stellung GELB, GRÜN = Mitnahme hinter dem Standbein	S. 83	☐

Challenge 22	Challenge 21 + Finte beim ersten Kontakt	S. 83	☐
Challenge 23	Das Farbsignal bestimmt den Fuß: ROT, GRÜN = rechter Fuß, BLAU, GELB = linker Fuß	S. 84	☐
Challenge 24	Challenge 23 + Finte beim ersten Kontakt	S. 84	☐
Challenge 25	Das Farbsignal bestimmt die Aktion: ROT = rechter Fuß, BLAU = linker Fuß GRÜN = rechter Fuß + Finte GELB = linker Fuß + Finte	S. 84	☐
Challenge 26	Das Farbsignal bestimmt die Aktion: ROT = rechter Fuß, BLAU = linker Fuß GRÜN = offene Stellung GELB = hinter dem Strandbein	S. 84	☐
Challenge 27	Challenge 26 + Finte beim ersten Kontakt	S. 84	☐
NEXT LEVEL	Baue eine zweite Orientierungsphase NACH deinem ersten Kontakt ein und gehe Challenge 1-27 erneut durch mit folgenden Steigerungen: ■ Kopfdrehung ■ Visuelles Ziel ■ Farbe ansagen		

Exkurs: „Offene Stellung"

Wenn du deinen Fokus noch mehr auf die offene Stellung statt auf die Orientierung legen möchtest, kann ich dir noch folgende Progression ans Herz legen.

Abb. 28a/b: Aufbau Exkurs – offene Stellung

Nutze bei den Stufen mit der offenen Stellung ein drittes Hütchen in einem ähnlichen Abstand. Das mittlere Hütchen ziehst du mindestens 50 Zentimeter von der Linie weg. Nimm den Ball mit dem ersten Kontakt immer so weit mit, dass du um die entstehende Spitze des Dreiecks kommst.

Je weiter du das mittlere Hütchen von der Wand weg aufstellst, desto schwieriger wird es für dich, in die offene Stellung zu kommen, da du in der gleichen Zeit deinen Körper in einem größeren Winkel drehen musst, um immer noch sauber mit der Innenseite in den Ball gehen zu können.

Kommst du mit deiner Ballberührung in das Dreieck, warst du nicht schnell genug oder nicht weit genug in der offenen Stellung. Kommst du von der Distanz nicht bis zur Spitze, war dein ersten Kontakt zu kurz und im Spiel hättest du damit kein Tempo aufnehmen können. Das muss nicht dramatisch sein, aber vermindert die Wahrscheinlichkeit, mit deiner Aktion Gefahr auszustrahlen.

Abb. 29a/b: Ablauf: Exkurs – offene Stellung

5.4 DER ERSTE KONTAKT – VARIABLE RICHTUNGEN

In diesem Aufgabenblock spielt es keine große Rolle mehr, mit welcher Technik du den Ball mitnimmst. Vielmehr steht die Richtung des Kontakts im Mittelpunkt. Du sollst variantenreich in jedem möglichen Raum das Spielgerät verarbeiten können. Zu Beginn ist es jedoch hilfreich, die breite Innenseite deines Fußes zu nutzen, was den Kontakt häufig vereinfacht. Aber probiere gerne aus, mit welcher Technik du die Challenges am erfolgreichsten bewältigen kannst, denn das Endergebnis ist entscheidend.

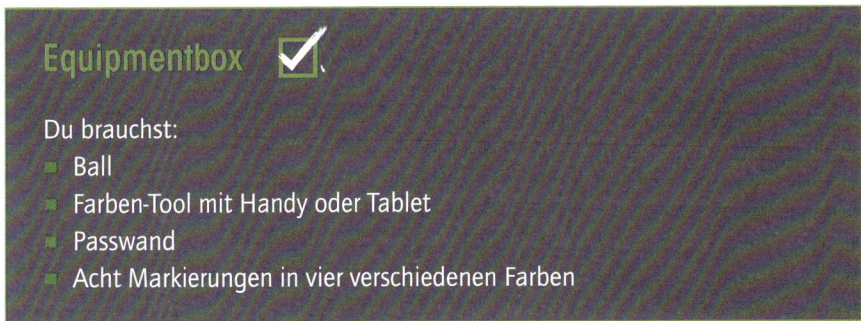

Equipmentbox ☑

Du brauchst:
- Ball
- Farben-Tool mit Handy oder Tablet
- Passwand
- Acht Markierungen in vier verschiedenen Farben

Aufbau

Du startest die Übung in einem Wandabstand von circa drei Metern. Baue in die diagonalen Richtungen mit circa 1,5-2 Meter Abstand vier verschiedenfarbige Hütchentore auf. Je kleiner die Tore sind, desto präziser muss dein erster Kontakt sein.

Am besten startest du zunächst mit Hütchentoren, die circa ein Meter groß sind. Für das Farben-Tool (Ein-Sekunden-Variante) solltest du zunächst einen Platz in deinem Blickfeld in Richtung Passwand finden. Achte darauf, dass es deinen Pässen nicht im Weg steht.

Wir werden in späteren Challenges jedoch die Position

Abb. 30: Aufbau: erster Kontakt – variable Richtungen

dafür noch verändern. Die Farbe der Tools wird dir die Torfarbe anzeigen, durch welches du den ersten Kontakt ausführen sollst.

Challenge 1

Abb. 31a-d: Erster Kontakt – variable Richtungen – Challenge 1

Stelle dich in die Mitte der markierten Tore und passe den Ball flach und scharf gegen die Passwand. Achte beim Pass darauf, den Blick beim Kontakt auf dem Ball zu halten und dich erst anschließend auf das Farben-Tool zu fixieren. Die nächste Farbe, die nach deinem Ballkontakt angezeigt wird, bestimmt, durch welches Tor dein Kontakt erfolgen soll.

Achte darauf, dass die Mitnahme weit genug ist, dass du schon mit dieser ersten Ballberührung durch das Hütchentor gelangst und starte mit einem kurzen Tempo-dribbling über 3-5 Meter.

https://download.m-m-sports.com/extras/360_Grad_Fussballer/Mitnahme_Variable_Richtungen.MP4

In einer Spielsituation ist eine gewisse Länge und Tempo dieser Ballmitnahme entscheidend, um schnell aus dem Zugriffsraum deines Gegenspielers zu kommen. Für eine bessere Technik ist es wiederum hilfreich, wenn du den Blick beim Kontakt auf den Ball fixieren kannst.

Sollte es mal der Fall sein, dass ein Ball zu kurz gespielt ist, gib ihn trotzdem nicht auf. Gehe mit Tempo entgegen (wie auch im Spiel) und versuche, ihn trotzdem möglichst schnell durch das jeweilige Tor mitzunehmen.

Kriterien für eine erfolgreiche Aktion:

- Pass und Dribbling erfolgen im Spieltempo.
- Der zweite Kontakt erfolgt erst hinter dem Hütchentor.

Um eine bessere Technik zu haben, ist es empfehlenswert, den Ball beim Pass als auch bei der Ballmitnahme mit deinen Augen zu fixieren.

Bei vier von fünf erfolgreichen Aktionen kannst du dich an die nächste Aufgabe wagen.

Challenge 2

Nimm den Ball jetzt ausschließlich mit deinem starken Fuß durch die Tore mit.

Challenge 3

Arbeite nur mit dem schwachen Fuß.

Challenges 4-6

Abb. 32a-d: Erster Kontakt – variable Richtungen – Challenges 4-6

Der Ablauf bleibt identisch wie bei den Challenges 1-3. Doch nun stellst du das Tool hinter dir im Abstand von 5-10 Metern auf. Halte den Blick beim Pass und bei der Mitnahme auf den Ball gerichtet und baue die benötigte Kopfdrehung zwischen diesen beiden Kontakten ein. Die Farbe des Tools legt wieder die Richtung deines Ballkontakts fest.

Challenges 7-12

Die bisherigen Challenges 1-6 kombinierst du nun mit folgender Veränderung: Du spielst den Ball aus deiner Ausgangsposition zwischen den Hütchentoren wiederholt mit einem Kontakt gegen die Wand und betrachtest zwischen deinen Pässen das Farben-Tool. Wenn die dritte unterschiedliche Farbe aufgezeigt wird, nimmst du den Ball wie in den vorherigen Aktionen durch das Hütchentor der aufgezeigten Farbe mit.

Zwei Beispiele:

Wenn du während deiner Schulterblicke die Farbreihenfolge ROT-BLAU-GELB siehst, nimmst du den Ball durch das GELBE Hütchentor mit. Bei der Reihenfolge ROT-BLAU-ROT-GELB nimmst du den Ball auch durch das GELBE Tor mit, da ROT schon das zweite Mal gezeigt wird und GELB die dritte unterschiedliche Farbe ist.

Challenges 13-18

Die nächsten Aufgaben laufen nach einem ähnlichen Prinzip ab wie die Challenges 7-12. Dabei gibt es den kleinen, aber feinen Unterschied, dass du nicht das Tor der dritten Farbe nimmst, sondern zum gleichen Zeitpunkt den Ball durch das Hütchentor der fehlenden Farbe mitnimmst.

Betrachten wir das mit den beiden Beispielen der vorherigen Aufgaben:

ROT-BLAU-GELB → die Mitnahme erfolgt durch das GRÜNE Tor

ROT-BLAU-ROT-GELB → die Mitnahme erfolgt durch das GRÜNE Tor

Die Mitnahme erfolgt immer erst, wenn die dritte unterschiedliche Farbe aufleuchtet, da du erst dann weißt, welche fehlt.

Challenges 19-24

Bei den Challenges Nummer 19-24 bleibt der Großteil der vorherigen Aufgaben erhalten. Das Passspiel wird jetzt jedoch so lange durchgeführt, bis eine Farbe zum zweiten Mal aufleuchtet. Diese Farbe gibt dir das Hütchentor an, durch welches du den ersten Kontakt mitnehmen sollst.

Challenges 25-30

Hier verändern wir erneut die Vorgabe, auf welche Farbe du reagierst. Die entscheidende Farbe ist diejenige, die zuletzt zweimal aufleuchtet. Das heißt, wenn du die dritte unterschiedliche Farbe zum zweiten Mal siehst, weißt du, welche fehlt und nimmst den Ball durch das Tor mit der fehlenden Farbe mit.

Ein Beispiel zum Verständnis:

ROT-BLAU-ROT-GRÜN-GELB-GRÜN-GELB → die Mitnahme erfolgt durch das BLAUE Tor

Durch diese verzögerte Reaktion wird dein Arbeitsgedächtnis enorm gefordert, da du dir merken musst, welche der vier Farben schon wie häufig angezeigt wurden. Übertragen auf eine Spielsituation, kann das dazu beitragen, dass du dir nach einer Kopfdrehung möglichst konkret merken kannst, wo deine Mit- und Gegenspieler stehen oder sich hinbewegen.

Vergiss bei den gesamten kognitiven Schwierigkeiten nicht, deine Aktion im Spieltempo durchzuführen und den Blick beim Pass und der Mitnahme auf den Ball zu fixieren.

Gehe nur dann zur jeweils nächsten Challenge über, wenn vier von fünf Aktionen erfolgreich waren.

NEXT LEVEL

Natürlich gebe ich dir hier gerne wieder ein paar Gedanken und Ideen mit, wie du dich bei diesem Thema noch stärker fordern kannst, wenn du nach der 30. bewältigten Challenge dich weiterhin bei der Richtung des ersten Kontakts verbessern möchtest.

Du kannst den Schwerpunkt bei der Steigerung auf folgende Bereiche legen, indem du Kleinigkeiten veränderst. Arbeite gerne die Challenges in der oben erläuterten Reihenfolge erneut mit diesen Anpassungen durch.

Tab. 5: Next Level – Anpassungen

Trainingsziel	Anpassung
Schnellere Reaktions- und Orientierungszeit	Kürzere Wanddistanz oder höhere Passschärfe
Fokus auf der Passtechnik	Die Wanddistanz vergrößern
Arbeitsgedächtnis	Die entscheidende Farbe verändern (z. B. die Farbe, die als Erstes zum fünften Mal aufleuchtet oder die zuletzt ein drittes Mal erscheint)
Präzision des ersten Kontakts	Die Hütchentore verkleinern
Längerer erster Kontakt	Die Distanz der Hütchentore zur Mitte vergrößern
Sich Distanz zum Gegner verschaffen	Passfinte oder Körpertäuschung direkt vor dem ersten Kontakt einbauen, um sich in Spielsituationen noch mehr Platz verschaffen zu können
Variablere Richtungen	Die vier Hütchentore in Plusform statt in X-Form aufbauen, um andere Winkel zur Ballmitnahme zu fordern

Tab. 6: Überblick Individualtraining – erster Kontakt – Richtungen

Überblick: Individualtraining – variable Richtungen			
Infos zur Ausführung:			
■ 80 % Erfolgsquote, dann nächste Aufgabe			
■ Alles im Spieltempo			
■ Passspiel an die Wand (3 m Abstand)			
■ Mitnahme durch eines der vier verschiedenfarbigen Hütchentore (1,5-2 Meter Abstand)			
■ Zweiter Kontakt erst hinter dem Hütchentor			
Challenge 1	Pass, Blick aufs Tool + Mitnahme durch angezeigtes Tor	S. 90	☐
Challenge 2	Mitnahme nur mit stärkerem Fuß	S. 91	☐
Challenge 3	Mitnahme nur mit schwächerem Fuß	S. 91	☐
Challenges 4-6	Challenges 1-3 mit Kopfdrehung (Farben-Tool im Rücken)	S. 92	☐
Challenges 7-12	Challenges 1-6 mit Direktpässen + Mitnahme durch das Tor der dritten verschiedenen Farbe des Tools	S. 93	☐
Challenges 13-18	Challenges 1-6 mit Direktpässen + Mitnahme durch das Tor der „fehlenden" Farbe, wenn die dritte aufleuchtet	S. 93	☐
Challenges 19-24	Challenges 1-6 mit Direktpässen + Mitnahme durch das Tor der Farbe, die das erste Mal zweifach aufleuchtet	S. 94	☐
Challenges 25-30	Challenges 1-6 mit Direktpässen + Mitnahme durch das Tor der Farbe, die das letzte Mal zweifach aufleuchtet	S. 94	☐

5.5 KOPFBALL

Auch das Kopfballspiel hat im Fußball eine enorme Bedeutung. Bei einem hohen Ball sind deine Augen zudem enorm gefordert. Um den Ball gut einschätzen zu können, musst du zunächst den Start der Flugkurve gut erkennen, um anschließend antizipieren zu können, wo der Ball runterkommt und wie du dich bewegen musst. Beim Ballkontakt ist zudem ein Fixieren des Balls entscheidend, um exakt mit deiner Stirn zu treffen und somit eine präzise Technik zu haben, sodass dein Kopfball auch dort landet, wo du ihn haben möchtest.

Im Idealfall erkennst du auch schon früh die Rotation des Balls und kannst dich dementsprechend noch besser auf die Flugkurve einstellen. Und am besten nimmst du kurz vor und während deines Kopfballs peripher unter dir und um dich herum deine Umgebung wahr, um eine bessere Entscheidung zu treffen.

Wir werden mit den folgenden Challenges vor allem darauf abzielen, dass du den Ball gut fixieren kannst und diese Basisfunktion mit mehreren Punkten erschweren. Falls du damit noch Schwierigkeiten hast, ist ein wichtiger Faktor, den angeborenen Lidschlussreflex abzutrainieren, sodass deine Augen offen bleiben, während du den Ball köpfst. Deine Kopfballtechnik wird alleine dadurch schon besser.

Zusätzlich zu den vorherigen Challengeblöcken bräuchtest du hier einen Partner, der dir den Ball, wie benötigt, anwirft. Theoretisch kann es auch ohne funktionieren, aber da wir mit einer möglichst realistischen und spielnahen Flugkurve arbeiten wollen, sind die kommenden Übungen am besten mit Partner durchzuführen.

Weiterhin benötigst du einen Ball mit verschiedenen farbigen Markierungen darauf. Diese kannst du entweder selbst auf dem Ball markieren als dicke farbige Punkte oder du hast eventuell einen Fußball, der dafür sehr gut geeignet ist. Der Spielball der Fußball-Bundesliga-Saison 2022/2023 (Bundesliga Brillant APS V22) eignet sich dafür ideal.

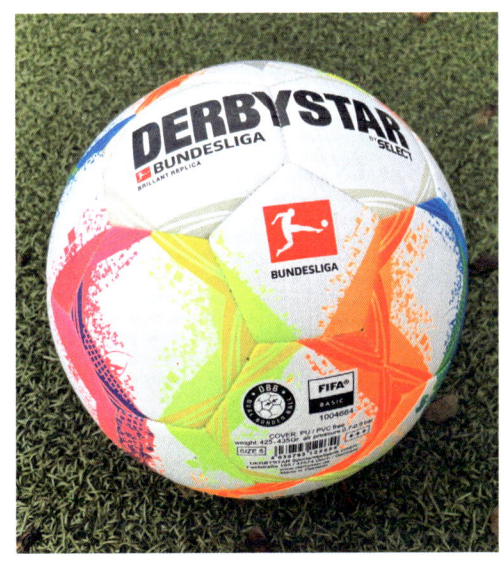

Abb. 33: Spielball Bundesliga 2022/2023

> ## Equipmentbox ☑
>
> Du brauchst:
> ▪ Ball mit farbigen Markierungen
> ▪ Farben-Tool mit Handy oder Tablet (ab Challenge 41)
> ▪ Partner

Challenge 1

Abb. 34a/b: Kopfball – Challenge 1

Um den Fokus zunächst nur auf der Trefferfläche und dem Blickfokus zu halten, starten wir im Kniestand. Dein Partner wirft dir aus kurzer Distanz den Ball zu (circa zwei Meter Abstand) und du köpfst ihn druckvoll zurück, sodass dein Partner ihn fangen kann. Halte von Beginn an die Hüften gestreckt und baue eine Bogenspannung auf, um mit viel Druck in den Ball gehen zu können.

Deine Aufgabe ist es, den Blick beim Kontakt direkt auf dem Ball zu halten und ihn ohne Rotation zurückzuköpfen. Triffst du den Ball zu weit oben an der Stirn, wird er eine Rückwärtsrotation (Backspin) erhalten und mehr nach oben steigen, statt druckvoll und direkt in die Zielrichtung zu fliegen.

Sind vier von fünf Aktionen erfolgreich, wartet die nächste Herausforderung auf dich.

Kriterien für eine erfolgreiche Aktion:

- Der Ball wird mit den Augen beim Kontakt fixiert.
- Der Kopfball fliegt in die Richtung des Partners.
- Der Kopfball ist druckvoll.
- Der Ball fliegt ohne Rotation zurück.

Challenge 2

Der Ablauf ist wie bei Challenge 1. Hinzu kommt, dass du während deines Ballkontakts die Farbe auf dem Punkt erkennst, auf dem deine Augen den Ball fixieren und du direkt, während der Ball zurückfliegt, diese Farbe ansagst.

Challenges 3-4

Die dritte und vierte Aufgabe unterscheiden sich zur ersten und zweiten wieder nur in einem Detail. Der Ball wird beim Werfen mit einem leichten Backspin – also einer gewissen Rückwärtsrotation – angeworfen. Dies entspricht einem klassischen Flugball, der über lange Distanzen gespielt wird. Der Ballfokus und

Abb. 35: Kopfball – Challenges 3-4

vor allem das Erkennen einer konkreten Farbe wird dadurch erschwert.

Es ist nun keine Bedingung mehr, dass der Ball ohne Rotation zurückgeköpft wird, aber achte weiterhin auf deine Trefferfläche, den druckvollen Kopfball und natürlich auf die Flugrichtung des Balls.

Erneut empfehle ich dir, bei 80%igem Erfolg (also vier von fünf Aktionen) zur nächsten Challenge zu gehen.

Challenges 5-8

Challenge 5 und 6 werden mit diagonaler Rotation in eine seitliche Richtung, Challenge 7 und 8 in die andere seitliche Richtung durchgeführt. Das simuliert für dich eine klassische Flanke. Die Pfeile in der Abbildung zeigen dir die Rotationsrichtung an.

Abb. 36a/b: Kopfball – Challenges 5-8

Challenges 9-16

Wie 1-8 → im Stand durchführen

Challenges 17-24

Wie 9-16 → in den Ball „hineingehen"

Bleibe nicht stehen, sondern nutze deine Körperbewegung dem Ball entgegen dafür, dass du mehr Druck in den Kopfball bekommst.

Challenges 25-32

Wie 17-24 → mit Sprung und den Ball im höchsten Punkt treffen

Challenge 33

Abb. 37a-d: Kopfball – Challenge 33

Ab jetzt wird deine Kopfbewegung wieder zusätzlich mit eingebaut. Während der Ball in der Luft ist, hast du im Spiel die Möglichkeit, dich umzuschauen, um zu wissen, wie du deine nächste Aktion anpassen musst.

- Bekommst du Gegnerdruck?

- Wo befinden sich Mit- und Gegenspieler?

- Wo steht der Torwart?

Die Schwierigkeiten liegen dabei darin, dass du den hohen Ball mit weniger Informationen einschätzen musst und für eine saubere Technik in verkürzter Zeit deinen Blick wieder auf den Ball fixieren musst.

Wir gestalten zunächst die Rahmenbedingungen so, dass du im Stand arbeitest und beim Köpfen möglichst dem Ball entgegengehst. Dein Partner als Ziel bleibt ebenfalls identisch. Aber nachdem der Ball die Hand des Partners verlassen hat, drehst du den Kopf um circa 45 Grad nach links vom Ball weg und setzt direkt im Anschluss deine Aktion wie gewohnt fort.

Sind vier von fünf Aktionen erfolgreich, geht es mit Nummer 34 weiter.

Challenges 34-36

Wie Challenge 33 → den Kopf um 45 Grad nach vorne rechts, hinten links, hinten rechts drehen.

Challenges 37-40

Wie Challenges 33-36 → ein klares Blickziel in der jeweiligen Richtung fixieren

Challenges 41-44

Wie Challenges 37-40 → das Tool an der jeweiligen Stelle positionieren und die gezeigte Farbe ansagen

Challenges 45-56

Wie Challenges 33-44 → den Ball im Sprung im höchsten Punkt köpfen

NEXT LEVEL

Wenn du das Ganze noch weiter steigern oder für deine Position individualisieren möchtest, kannst du zum Beispiel noch gewisse Zielzonen einbauen. Diese können hintereinanderliegen, um verschiedene Distanzen zum Tor oder zum Mitspieler zu simulieren. Oder du baust verschiedene Tore in Kreuz- oder Plusform um dich herum auf, um die Richtung deines Kopfballs variieren zu müssen.

Nutzt du bei den Zielzonen oder Hütchentoren verschiedene Farben, hast du in Verbindung mit dem Farben-Tool wieder sehr spielnahe Bedingungen für dein Kopfballtraining und kannst auf die gesehenen Signale aus einer Richtung in die vorgegebenen Zielbereiche in anderer Richtung deinen Kopfball setzen. Für noch mehr Spielnähe kann dir ein weiterer Partner mit gewünschter Intensität Gegnerkontakt geben.

Tab. 7: Überblick Individualtraining – Kopfball

Überblick: Individualtraining – Kopfball			
Infos zur Ausführung:			
■ 80 % Erfolgsquote, dann nächste Aufgabe			
■ Den Ball mit den Augen fixieren und druckvoll köpfen			
Challenge 1	Im Kniestand	S. 98	☐
Challenge 2	Kniestand + die fixierte Farbe ansagen	S. 99	☐
Challenges 3-4	Challenges 1-2 + Backspin	S. 99	☐
Challenges 5-8	Challenges 1-2 + Backspin diagonal (jeweils links und rechts)	S. 100	☐
Challenges 9-16	Challenges 1-8 in Standposition	S. 100	☐
Challenges 17-24	Challenges 1-8 druckvoll nach vorne in den Ball gehen	S. 100	☐
Challenges 25-32	Challenges 1-8 + Sprung (den Ball am höchsten Punkt treffen)	S. 100	☐
Challenges 33	Vor dem Kopfball Kopfdrehung 45 Grad nach vorne links, während der Ball in der Luft ist	S. 101	☐
Challenges 34-36	Challenge 33 in andere Richtungen (vorne rechts, hinten links, hinten rechts)	S. 102	☐
Challenges 37-40	Challenges 33-36 + visuelles Ziel	S. 102	☐
Challenges 41-44	Challenges 33-36 + Farbe ansagen	S. 102	☐
Challenges 45-56	Challenges 33-44 + Sprung und den Ball am höchsten Punkt treffen	S. 102	☐
NEXT LEVEL	Zielzonen, Gegnerdruck, weitere Richtungen		

Exkurs: Peripherie

Wenn du bei den Tests des visuellen Systems feststellen solltest, dass du mit dem peripheren Sehen Schwierigkeiten hast, kann dir Folgendes neben dem Visualtraining weiterhelfen:

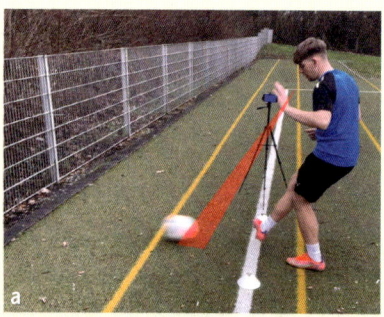
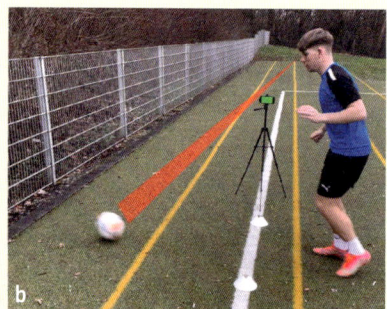

Abb. 38: Peripheres Sehen

Nutze bei den bisherigen Challengeblöcken das Tool seitlich auf deiner Höhe, statt hinter dir. Aber baue keine Blicke zur Seite ein, sondern halte den Fokus auf den Ball gerichtet und nimm die Farben nur peripher wahr. Wenn du es leichter haben möchtest, schiebe das Tool weiter in Richtung Wand.

Willst du dich so richtig fordern? Dann stelle es weiter nach hinten.

Du kannst diese Variationen in folgenden Trainingsbausteinen einbauen:

- Basics I (S. 60ff.)
- Basics II (S. 68ff.)
- Erster Kontakt – Techniken (S. 73ff.) → teilweise
- Erster Kontakt – Richtungen (S. 89ff.) und
- Kopfball (auch peripher unten) (S. 97ff.)

> **Hier geht es zum Video**

https://download.m-m-sports.com/extras/360_Grad_Fussballer/Exkurs_Peripherie.MP4

5.6 TORSCHUSS

■ Was ist beim Fußball nach 90 Minuten das Wichtigste?

Genau. Tore!

Darum wollen wir uns beim nächsten Block darauf konzentrieren, dass du noch torgefährlicher wirst. Für eine gute Schusstechnik ist es von Bedeutung, den Ball beim Schuss mit deinen Blicken lange zu fixieren. Damit du weißt, ob du freie Schussbahn hast und wohin du am besten schießt, ist es wichtig, dass du zwischendurch auch den Kopf oben hast. Und damit beides gut zusammen funktioniert, ist ein schneller und präziser Wechsel zwischen diesen beiden Aufgaben von Bedeutung.

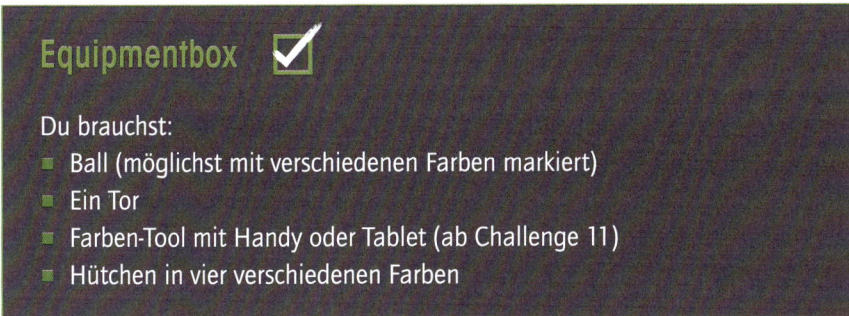

Equipmentbox ☑

Du brauchst:
■ Ball (möglichst mit verschiedenen Farben markiert)
■ Ein Tor
■ Farben-Tool mit Handy oder Tablet (ab Challenge 11)
■ Hütchen in vier verschiedenen Farben

Challenge 1

Da die meisten Spieler für ein Einzeltraining in der Regel keinen Torwart griffbereit haben, werden diese Challenges auch komplett ohne Torwart stattfinden. Starte zentral vor dem Strafraum und halte noch einige Meter Abstand.

Dribble circa fünf Meter mit dem Ball an und schieße abschließend noch vor dem Strafraum mit deinem starken Fuß auf das Tor. Halte beim Dribbling und bei dem Schuss den Blick auf dem Ball fixiert, um eine präzise Technik zu gewährleisten.

Abb. 39: Torschuss – Aufbau Challenge 1

Kriterien für eine erfolgreiche Aktion:

- Der Abschluss erfolgt vor dem Strafraum.
- Der Schuss erfolgt mit dem Spann.
- Der Ball landet im Tor.
- Die Schärfe des Schusses ist spielgemäß.
- Beim Ballkontakt wurde der Ball mit den Augen exakt fixiert.

Sind vier von fünf Aktionen erfolgreich, gehe zur zweiten Challenge.

Challenge 2

Wie Challenge 1 → schieße mit dem schwachen Fuß auf das Tor (Ziel: 3/5)

Challenges 3-4

Der Ablauf ist wieder ähnlich. Doch während des Dribblings schaust du kurz nach oben in Richtung des Tors und mit dem übernächsten Ballkontakt schließt du auf das Tor ab. Beim starken Fuß (Challenge 3) solltest du 80 Prozent (4/5) erreichen, beim schwachen Fuß (Challenge 4) reichen 60 Prozent (3/5), damit die Challenge als bewältigt gilt.

Challenges 5-6

Wie Challenges 3-4 → der Abschluss erfolgt mit dem nächsten Kontakt nach dem Blick – zum Tor

Challenges 7-10

Wie Challenges 3-6 → du hast ein klares Blickziel in der Mitte des Tors (z. B. Tasche oder Hütchen)

Challenges 11-14

Postiere für die nächsten Challenges das Farben-Tool mittig hinter dem Tor. Im Gegensatz zu den vorherigen Aufgaben sollst du beim Hochschauen die angezeigte Farbe erkennen und sie vor dem Schuss noch laut ansagen. Die übrigen Vorgaben bleiben unverändert.

Challenges 15-18

Markiere die vier Torecken mit farbigen Hütchen. Die angezeigte Farbe gibt dir an, in welches Torviertel du schießen musst. Die Anforderungen an deinen präzisen Abschluss steigen jetzt also deutlich.

Abb. 40: Torschuss – Aufbau Challenges 15-18

Challenges 19-36

Wir bauen eine weitere Veränderung ein, mit der du alle bisherigen Challenges (1-18) jetzt erschwert ein weiteres Mal bewältigen musst.

Baue dir ein kleines Feld von circa einem Meter Breite und 30-50 Zentimeter Tiefe circa drei Meter vor der Strafraumlinie auf. Darin baust du ohne System viele verschiedene kleine Hütchen auf.

Wenn du bei deinem Dribbling den Ball durch dieses Feld spielst, wird der Ball etwas unkontrolliert verspringen. Trotzdem sollst du mit den gleichen Vorgaben wie bisher den Blick auf den Ball richten und

Abb. 41: Torschuss – Aufbau Challenges 19-36

vor dem Strafraum abschließen. Dieses unkontrollierte Verspringen kann in der Praxis ein unsauberes Ballführen, ein kleiner Platzfehler oder auch ein abgefälschter Ballkontakt deines Mit- oder Gegenspielers sein.

Die Zielvorgaben für den starken Fuß (80 Prozent bzw. 4/5) und für den schwachen Fuß (60 Prozent bzw. 3/5) bleiben wie bisher bestehen.

https://download.m-m-sports.com/extras/360_Grad_Fussballer/Torschuss.MP4

Challenges 37-72

Nutze nun einen Ball mit farbigen Markierungen (wie im Kopfballblock ab S. 97ff. beschrieben). Fixiere beim Schuss den Ball mit deinen Augen, sodass du beim Ballkontakt eine Farbe erkennst und sprich diese aus, bevor der Ball im Tor einschlägt.

Mit dieser Zusatzaufgabe forderst du deine Augen noch stärker dazu auf, das Spielgerät zu fixieren. Damit kannst du jetzt alle bisherigen Challenges (1-36) auf noch anspruchsvollerem Level abarbeiten.

NEXT LEVEL

Auch diese Herausforderungen kannst du auf unterschiedlichste Art und Weise erschweren, variieren oder für dich individualisieren. Wenn du einen Freund hast, der sich als Torhüter zur Verfügung stellt, ist es eindeutig, was dich nun herausfordert. Weiterhin kannst du die Distanz variieren oder auch die Richtung, von der du anläufst. Nutze speziell solche Richtungen oder Abschlusspositionen, die deiner Realität im Spiel entsprechen.

Du kannst aber zum Beispiel auch Finten vor dem Schuss mit einbauen oder einen Passgeber nutzen, um direkte Abschlüsse auf diese Art und Weise zu trainieren. Alle diese Übungsvarianten kannst du natürlich ebenfalls einsetzen, wenn du statt einem Torschuss Flugbälle oder Flanken trainieren möchtest.

Tab. 8: Überblick Individualtraining – Torschuss

Überblick: Individualtraining – Torschuss		
Infos zur Ausführung:		
■ 80 % Erfolgsquote, dann nächste Aufgabe		
■ Abschluss mit dem Spann und mit spielgemäßer Schusshärte		
■ Vor dem Strafraum abschließen		
■ Beim Schuss wird der Ball mit den Augen fixiert.		
Challenge 1	Stärkerer Fuß	S. 105 ☐
Challenge 2	Schwächerer Fuß	S. 106 ☐
Challenges 3-4	Challenges 1-2 + Kopf heben vor dem Schuss, Abschluss übernächster Kontakt	S. 106 ☐
Challenges 5-6	Challenges 3-4, aber Abschluss mit dem nächsten Kontakt	S. 106 ☐
Challenges 7-10	Challenges 3-6 + Blickziel in der Mitte des Tors	S. 106 ☐
Challenges 11-14	Challenges 3-6 + Farbe des Tools (hinter dem Tor) ansagen	S. 106 ☐
Challenges 15-18	Challenges 11-14 + das Farben-Tool bestimmt die Torecke.	S. 107 ☐
Challenges 19-36	Challenges 1-18 + Hütchenfeld	S. 107 ☐
Challenges 37-72	Challenges 1-36 + Farbfixierung auf dem Ball	S. 108 ☐
NEXT LEVEL	Distanzen, Richtungen, Torhüter, Finten, Flugbälle	

5.7 POSITIONIERUNG

Sind wir doch mal ehrlich. An deiner Positionierung auf dem Feld lässt sich einfach am besten im Mannschaftskontext arbeiten – also im echten Spiel oder zumindest in Spielformen im Training. Vielleicht kann dir in diesem Bereich auch dein Trainer helfen.

- Was erwartet er von dir?

- Wie kannst du dich besser positionieren, um noch besser das Spiel fortsetzen zu können?

- Wie kannst du deine Position optimieren, um noch präziser zu sehen, in welche Richtung du welche Aktion ausführen kannst?

Doch natürlich musst du in Spielformen auch noch auf zahlreiche andere Punkte achten und das Arbeiten an der Taktiktafel ist zwar ideal, um die Grundlagen zu klären, bleibt jedoch zunächst bei der Theorie.

Darum versuche ich, dir auch in diesem Teilbereich des Orientierungsprozesses ein paar Challenges an die Hand zu geben, mit denen zumindest die Basics in Fleisch und Blut übergehen sollen. Dass im Anschluss das alles in der komplexen Spielsituation und mit zusätzlichem Gegnerdruck durchgeführt werden muss, versteht sich von selbst. Aber mit verbesserten Grundlagen sollte dir das ein kleines bisschen leichter fallen.

Equipmentbox ☑

Du brauchst:
- Farben-Tool mit Handy oder Tablet
- Stoppuhr
- Circa 10 x 10 Meter Platz
- Vier verschiedenfarbige Hütchen (möglichst in Gelb, Rot, Grün, Blau)
- Vier weitere Hütchen oder andere Markierungen

Aufbau

Baue ein Quadrat aus vier gleichfarbigen Hütchen mit einer Seitenlänge von vier Metern auf. Vier Meter entfernt von zwei der Hütchen werden in Richtung deines eigenen Tors zwei farbige Markierungen aufgebaut. Von dort vier Meter weiter außen und zwei Meter weiter vorne werden die letzten Hütchen positioniert. Die Abstände sind im Vergleich zum realen Spiel deutlich verkleinert, um deine Anforderungen an die passende Positionierung zu erhöhen.

Abb. 42: Aufbau bei der Positionierung

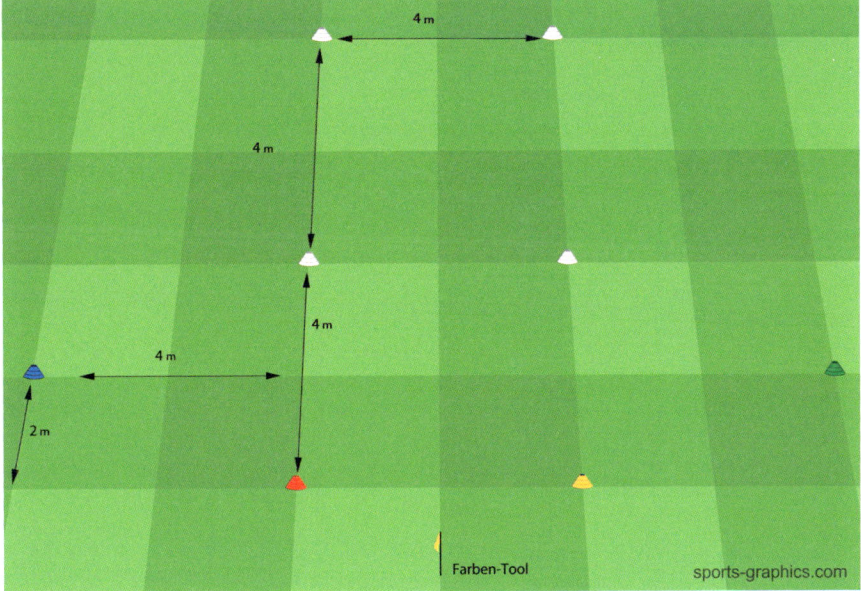

Abb. 43: Aufbau bei der Positionierung

Für die erste Challenge benötigst du das Farben-Tool mit Fünf-Sekunden-Variante ein paar Meter mittig hinter den farbigen Hütchen.

Challenge 1

Deine Aufgabe besteht darin, innerhalb des Vierecks immer wieder Positionen ein-zunehmen, in denen du „anspielbar" bist und eine gute Orientierung nach vorne in Spielrichtung bekommen kannst. Die Farbe des Tools signalisiert dabei immer die Position des Hütchens, wo ein Mitspieler von dir den Ball hat.

Die vier gleichfarbigen Markierungen stellen deine Gegenspieler dar, die du bei deiner Positionierung berücksichtigen musst. Die übrigen farbigen Hütchen sind für den jeweiligen Zeitraum, während eine einzelne Farbe aufleuchtet, irrelevant.

Folgende Positionen können bei den verschiedenen Varianten innerhalb des Gegen-spielerblocks sinnvoll sein.

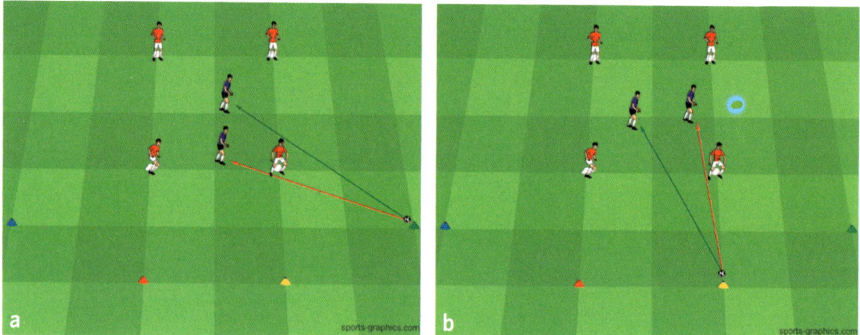

Abb. 44a/b: Sinnvolle Varianten innerhalb des Vierecks

Um insgesamt deine Positionierung möglichst optimal gestalten zu können, solltest du auf folgende Details achten:

- Der vordere Fuß ist möglichst weit von allen „Gegenspielern"/Hütchen entfernt (mit diesem Fuß machst du im Idealfall den ersten Kontakt und dafür möchtest du natürlich Platz haben).

- Den Oberkörper so weit wie möglich in Spielrichtung drehen (dies verringert den Winkel der anschließenden Aufdrehaktion).

- Möglichst diagonale Positionen einnehmen (um geringe Aufdrehwinkel zu haben).

- Das Gewicht liegt hauptsächlich auf dem Vorfuß bzw. auf den Fußballen (um schnell und beweglich agieren zu können).

Führe die Übung eine Minute lang mit dem Fünf-Sekunden-Tool durch und stehe so häufig wie möglich in einer Position innerhalb des Vierecks, in der ein Pass von der angezeigten Hütchenposition auf deinen vorderen Fuß möglich wäre, ohne dass die virtuellen Gegenspieler ihn bekommen würden.

Stehst du bei 80 Prozent der angezeigten Farben – also bei vier von fünf Aktionen – schon beim nächsten Farbenwechsel bereit in einer der möglichen Positionen, kannst du direkt zur nächsten Aufgabe übergehen.

Challenge 2

Deine zweite Aufgabe besteht darin, diese Positionen außerhalb des Quadrats zu finden.

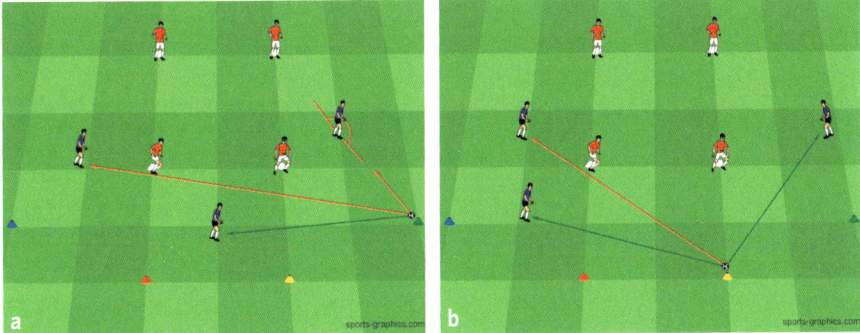

Abb. 45a/b: Sinnvolle Varianten außerhalb des Vierecks

Alle anderen Rahmenbedingungen bleiben identisch. Bist du bei 80 Prozent der Farbenwechsel rechtzeitig mit offener Stellung in einer der möglichen Positionen, gehe zur nächsten Challenge.

Challenge 3

Wechsle bei jeder Farbe zwischen Innenposition und Außenposition. Du bist nun zum einen mehr gefordert bei deiner Entscheidungsfindung. Weiterhin hast du klarere Positionswechsel, was im Spiel hilfreich ist, um dich immer wieder in einer neuen Position anspielbar zu machen, wenn dein erstes Angebot von deinem Mitspieler nicht angenommen wurde und dein Gegenspieler diesen Raum bereits zugelaufen hat.

Bei 80 Prozent geht es weiter.

Challenges 4-6

Wie Challenges 1-3 → in der Endposition die Kopfdrehung in Spielrichtung einbauen, bevor die nächste Farbe gezeigt wird

Challenges 7-9

Suche dir ein visuelles Ziel mittig in der Richtung aus, zu der du dich aufdrehen würdest, also gegenüber von den bunten Hütchen. Das kann ein Baum, Tor oder einfach eine Markierung sein, die du anschließend jedes Mal wieder mit deinen Augen suchst und fixierst.

In deiner gewählten Position sollst du dieses Ziel immer wieder anvisieren. Je besser deine offene Stellung und je idealer deine Positionierung ist, desto leichter wird dir das fallen. Kombiniere die Challenges 4-6 mit dieser Variante.

80 Prozent sind wie immer das Ziel. Wenn dir das alles noch leichtfällt, überspringe gerne ein paar Übungen, aber vertraue mir, dass ich dich hier noch an deine Grenzen bringen werde.

Challenges 10-12

Wie Challenges 1-3, aber das Tool steht in der Spielrichtung circa 5-10 Meter vor dem Quadrat. Du bekommst also die visuellen Informationen von dort, wo du dich auch im Spiel immer hinorientieren musst und wohin du deine Aktion im besten Fall fortsetzt. Die Blickwechsel zwischen deinem Ziel und deinem immer wieder neuen Passgeber (farbige Hütchen) werden also häufiger und müssen schneller sein, um immer wieder deine Position anpassen zu können.

Abb. 46: Aufbau der Positionierung-Challenges 10-12

Schaffe wieder 80 Prozent bei 60 Sekunden Dauer.

Challenges 13-24

Wie Challenges 1-12 → nutze das Farben-Tool mit der Vier-Sekunden-Variante

Challenges 25-36

Wie Challenges 1-12 → nutze das Farben-Tool mit der Drei-Sekunden-Variante

Challenges 37-48

Wie Challenges 1-12 → nutze das Farben-Tool mit der Zwei-Sekunden-Variante

NEXT-LEVEL-VARIATIONEN

- Variablere Blicke: Das Tool steht vorne links/rechts

- Kognitive Steigerung: Verschiedene Reihenfolgen der Positionsvorgaben nutzen

    a. innen – innen – außen – außen
    b. außen – außen – innen – innen
    c. innen – innen – außen
    d. außen – außen – innen

- Intensität: Die Distanz beträgt jeweils fünf Meter statt vier Meter.

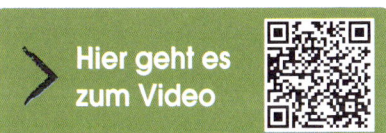

https://download.m-m-sports.com/extras/360_Grad_Fussballer/Positionierung.MP4

Tab. 9: Überblick Individualtraining – Positionierung

Überblick: Individualtraining – Positionierung			
Infos zur Ausführung: ■ Diagonal anspielbar sein zwischen den virtuellen Gegenspielern ■ Angezeigte Farbe zeigt die Ballposition ■ Offen stehen und den vorderen Fuß auf Distanz zu den weißen Hütchen ausrichten ■ 80 % Erfolgsquote, dann nächste Aufgabe			
Challenge 1	Positionierung innerhalb der Hütchen	S. 112	☐
Challenge 2	Positionierung außerhalb der Hütchen	S. 113	☐
Challenge 3	Kontinuierlicher Wechsel zwischen Innen- und Außenposition	S. 113	☐
Challenges 4-6	Challenges 1-3 + Kopfdrehung in Spielrichtung in der Endposition	S. 114	☐
Challenges 7-9	Challenges 4-6 + visuelles Ziel	S. 114	☐
Challenges 10-12	Challenges 1-3 + Tool in Spielrichtung positionieren	S. 114	☐
Challenges 13-24	Challenges 1-12 mit Vier-Sekunden-Farben-Tool	S. 115	☐
Challenges 28-36	Challenges 1-12 mit Drei-Sekunden-Farben-Tool	S. 115	☐
Challenges 37-48	Challenges 1-12 mit Zwei-Sekunden-Farben-Tool	S. 115	☐
NEXT LEVEL	Varianten mit Änderung der Reihenfolge, der Farben-Tool-position oder Veränderung der Hütchenabstände		

5.8 LAUFORIENTIERUNG

Nun solltest du dich im Fußball natürlich nicht nur dann umschauen, wenn du stehst und darauf wartest, dass du den Ball bekommst. Deshalb geht es im nächsten Abschnitt darum, im Laufen und in Kombination mit Richtungswechseln Orientierungsphasen einzubauen. Das machen wir sowohl mit als auch ohne Ball, so wie du das im Spiel auch brauchst.

Durch die folgenden zahlreichen Kopfdrehungen im Laufen ist dein Gleichgewichtsorgan im Innenohr extrem gefordert. Dieses reagiert auf Kopfbeschleunigungen und sendet diese Informationen an das Gehirn.

Wenn du merken solltest, dass du immer bei bestimmten Kopfdrehrichtungen instabil wirst, kannst du daraus ableiten, dass dein Gleichgewichtssystem in diese Richtung etwas unzuverlässig arbeitet. Wenn du den Eindruck hast, dass das durch das Üben mit diesen Challenges nicht besser wird, dann empfehle ich dir, einen Neuro-Athletik-Trainer aufzusuchen, um dieses Thema anzugehen.

Richte dich jetzt nicht mehr nach den oft erwähnten 80 Prozent, um zur nächsten Aufgabe zu gehen. Hier musst du auf deinen Körper hören.

- Schaffst du es, dass dein Bewegungstempo nicht unter der Kopfdrehung leidet?

- Und hast du das Gefühl, dass du trotz dieser Bewegungen weiter stabil laufen kannst, ohne aus dem Gleichgewicht zu geraten?

Das sind die entscheidenden Fragen. Wenn du dein Tempo beibehalten kannst und die Orientierungsaufgabe bewältigst, gehe zur nächsten Aufgabe.

Equipmentbox ☑

Du brauchst:
- Ball
- Fünf Markierungen
- Farben-Tool mit Handy oder Tablet
- Metronom, z. B. als App (ab Challenge 13)
- Eventuell Stoppuhr

Aufbau

Abb. 47: Aufbau bei der Lauforientierung

Baue dir mit den Markierungen ein Muster auf wie eine „Würfel 5". Also ein Quadrat mit einer Seitenlänge von circa 10 Metern und mittendrin die fünfte Markierung. Das Farben-Tool steht von einer Mitte der äußeren Linie circa fünf Meter nach außen versetzt. Deine Startposition befindet sich an einem der beiden Hütchen, die in der Nähe des Farben-Tools stehen.

Ablauf

Laufe bei allen Aufgaben in diesem Block im folgenden Muster (siehe Abb. 49 „Ablauf bei der Lauforientierung") um die Hütchen herum:

Außenlinie – innen – außen – Außenlinie – innen – außen

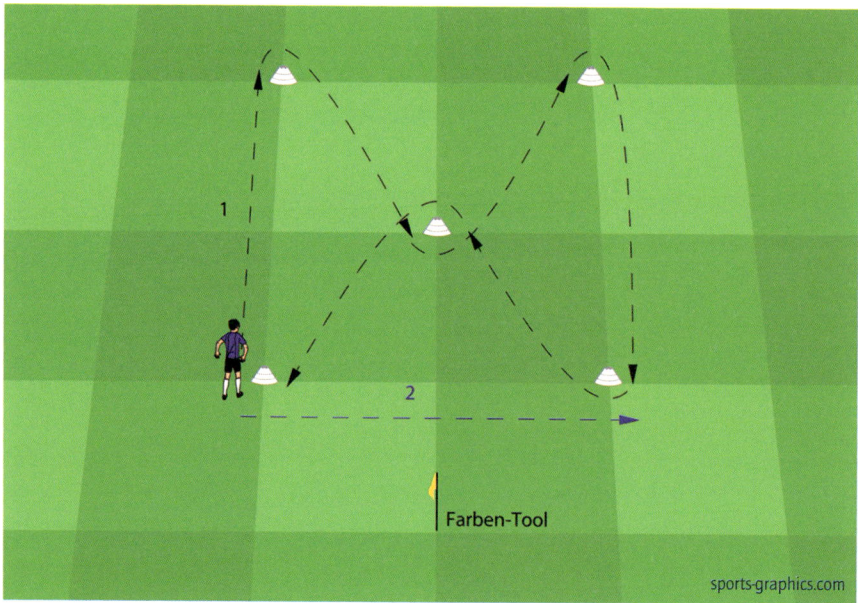

Abb. 48: Ablauf bei der Lauforientierung

Wenn du an der Ausgangsposition angekommen bist, läufst du die Grundlinie entlang und wiederholst direkt im Anschluss den Ablauf spiegelverkehrt vom anderen Starthütchen. Um einen besseren Eindruck davon zu bekommen, schaue dir die Skizze im Detail an und nutze das Video unter dem QR-Code.

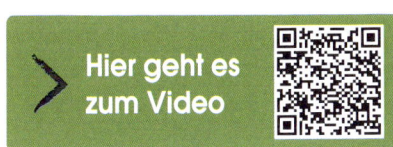

https://download.m-m-sports.com/extras/360_Grad_Fussballer/Lauforientierung.MP4

Wenn du eine Stoppuhr am Handgelenk oder einen Partner hast, dann stoppe gerne die Zeit bei deinen Läufen. Durch das regelmäßige Stoppen kannst du deinen Fortschritt noch detaillierter analysieren.

Challenge 1

Laufe ohne Ball im vorgegebenen Muster locker und entspannt um die Hütchen. Schaue auf das jeweilige Hütchen, wenn du drumherumläufst. Wirf jedes Mal zwischen zwei Markierungen einmal einen Blick auf das Farben-Tool und sprich die angezeigte Farbe laut aus.

Dadurch, dass wir diesen Blick bei jeder Laufrichtung provozieren, musst du deinen Kopf in jegliche Richtung drehen, stabil bleiben und Informationen aufnehmen.

Wenn das bis hierhin klappt, gehe zur nächsten Aufgabe über.

Challenge 2

Mache exakt das Gleiche mit Ball. Der Blick auf die Hütchen ist dabei nicht mehr notwendig. Die Schwierigkeit liegt darin, trotz der Kopfdrehungen eine gute Technik am Ball zu haben. Versuche das Ganze gern erst einmal intuitiv. Solltest du dabei Schwierigkeiten haben, empfehle ich dir, exakt zwischen zwei Ballkontakten auf das Farben-Tool zu schauen.

Bist du beim Dribbling mit den Blicken nicht langsamer als ohne, dann gehe zur nächsten Challenge.

Challenge 3

Ohne Ball, laufe 80 Prozent deines maximalen Tempos

Challenge 4

Mit Ball, laufe 80 Prozent deines maximalen Tempos

Challenge 5

Ohne Ball im Sprint laufen

Challenge 6

Mit Ball im maximalen Tempo laufen

Challenges 7-12

Ich fasse die Aufgaben 7-12 in einem Punkt zusammen, weil sie sich nur minimal von den ersten Aufgaben unterscheiden. Deine Aufgabe ist jetzt, die ersten sechs Stufen erneut durchzugehen. Nur statt dass du einen Blick pro Bahn auf das Farben-Tool richtest, machst du zwei Blickwechsel zwischen Hütchen und Farbe. Es werden also zwei Farben pro Linie angesagt. Sollte dabei das Ein-Sekunden-Farben-Tool nicht schnell genug sein, erhöhe die Wiedergabegeschwindigkeit deinem Tempo entsprechend.

Gehe immer erst dann zur nächsten Aufgabe, wenn du alle Farben richtig ansagen konntest, ohne abbremsen oder Zusatzwege laufen zu müssen.

Challenges 13-24

Ich fasse die nächsten Aufgaben erneut zusammen, da es wieder nur eine Änderung zu den jeweiligen Partner-Challenges von 1-12 gibt. Du arbeitest dich also wieder von Level 1 an mit dieser Veränderung durch.

Da ich dich hier noch ein bisschen zusätzlich stressen möchte und vor allem die Orientierungsphasen ohne Ball auch nicht zu jeglichem Zeitraum stattfinden sollten (siehe Kap. 3.3), nutzen wir noch ein Metronom. Nutze dazu eine Metronom-App an deinem Smartphone und stelle sie laut genug auf 30 bpm ein. Sollte dich das kaum fordern, kannst du gern auch eine höhere Frequenz wählen.

Deine Aufgabe besteht nun darin, einen passenden Moment für deinen Blick auf das Farben-Tool abzupassen. Denn bei jedem Ton soll dein Blick auf das nächste Hütchen gerichtet sein. Demzufolge hast du immer nur ZWISCHEN zwei Tönen die Möglichkeit für deinen Orientierungsprozess. Ähnlich wie es im Spiel zwischen zwei Ballkontakten empfehlenswert ist.

NEXT LEVEL

Wenn du dich irgendwann in dieser Übung noch mehr fordern möchtest, kannst du die Seiten des Feldes gerne von 10 auf neun Meter oder weiter verkleinern. Du wirst merken, dass das durch den Zeit- und Raumdruck vor allem die höheren Stufen deutlich erschwert.

Tab. 10: Überblick Individualtraining – Lauforientierung

Überblick: Individualtraining – Lauforientierung			
Infos zur Ausführung: ■ Den Laufweg beachten ■ Auf jeder Bahn Blick aufs Farben-Tool + die Farbe ansagen			
Challenge 1	Lockerer Lauf ohne Ball	S. 119	☐
Challenge 2	Lockerer Lauf mit Ball	S. 119	☐
Challenge 3	80 % deines maximalen Tempos ohne Ball	S. 120	☐
Challenge 4	80 % deines maximalen Tempos mit Ball	S. 120	☐
Challenge 5	Sprint ohne Ball	S. 120	☐
Challenge 6	Sprint mit Ball	S. 120	☐
Challenges 7-12	Challenge 1-6 + zweiter Blickwechsel	S. 120	☐
Challenges 13-24	Challenge 1-12 + Metronom	S. 120	☐
NEXT LEVEL	Die Position des Farben-Tools verändern oder die Seitenlängen reduzieren		

5.9 INDIVIDUALISIERUNG – NEXT LEVEL

Bisher hast du eine Individualisierung des Trainings auf zwei verschiedenen Wegen erreichen können. Der erste Weg ist das eingebaute Challengesystem, durch das du die meiste Zeit auf jenem Leistungslevel verbringst, das sich aktuell leicht oberhalb deiner Leistungsfähigkeit befindet.

Den zweiten Weg konntest du durch die Varianten im Next-Level-Bereich gehen, wodurch du die Schwierigkeiten in dem jeweiligen Teilgebiet erhöhst, für das du dich selbst entscheidest. In Kap. 9.2 kannst du zudem nach einem weiteren Ausfüllen des Fragebogens Hinweise erhalten, welche Blöcke des Individualtrainings für dich besonders hilfreich sind.

Allerdings haben wir noch keinen Schritt unternommen, um auf deine Position, auf dich als Spielertyp oder auf die Spielweise deines Teams einzugehen. Das wird jedoch in diesem Kapitel geschehen, sodass du viele der bisherigen Übungen und Herausforderungen auf deine spezifischen Situationen anwenden kannst.

Das wird dir helfen, genau diese Spielsituationen, die dir am wichtigsten sind, besser zu bewältigen – egal ob du eine Schwäche ausgleichen möchtest oder eine Stärke zu einer Waffe entwickeln willst.

Um das zu erreichen, gebe ich dir hier eine Schritt-für-Schritt-Anleitung, wie du einige Blöcke des Individualtrainings ganz speziell an dich anpasst.

Schritt 1

- Wähle eine exemplarische Spielsituation, in der du dich häufig befindest und in der du dich verbessern möchtest. Dabei spielt es keine Rolle, ob du Stärken stärken möchtest oder eine limitierende Schwäche ausmerzen willst.

- Denke detailliert darüber nach und arbeite in jenen Winkeln, die deinem Spiel am nächsten kommen. Und alle Faktoren, die dabei relevant und individuell sind, kannst du dabei mit einfließen lassen:

    a. deine Stärken und Schwächen
    b. deine Position
    c. du als individueller Spielertyp
    d. deine Mannschaft
    e. deine Trainervorgaben

- Beispiel: Der 8er wird von einem Außenverteidiger angespielt.

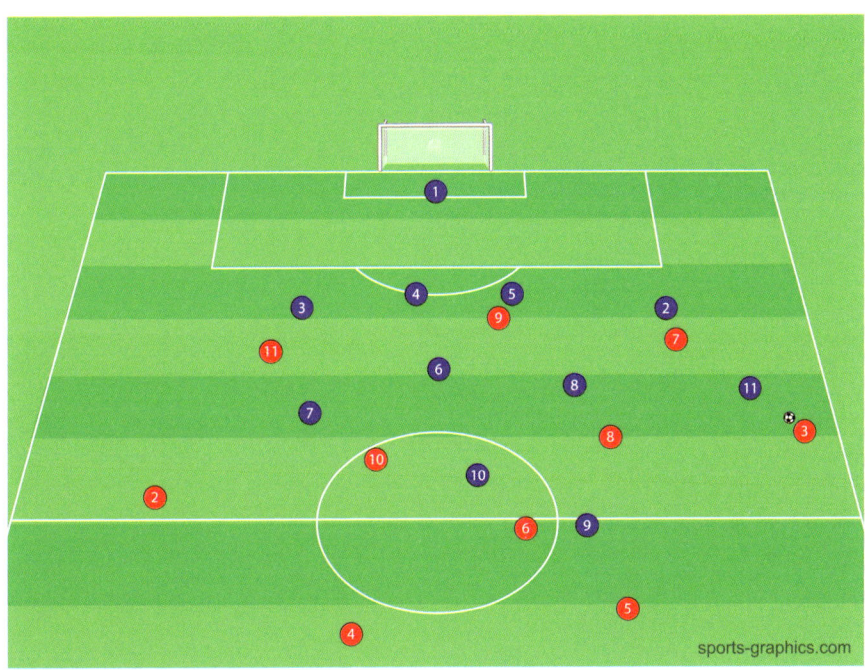

Abb. 49: Individualisierung – Schritt 2: Beispiel

Abb. 50: Individualisierung – Schritt 2: Vorlage

Schritt 2

- Zeichne diese Position ein, in der du häufig den Ball erhältst, sowie exemplarisch für eine typische Spielsituation von dir, wo deine Mit- und Gegenspieler positioniert sind. Überlege bei der Anordnung schon, von welchem Spieler und aus welcher Richtung du den Ball bekommst.

- Im Beispiel in Abb. 49: Unser 8er spielt in einem 4-3-3, bei dem bei eigenem Ballbesitz die Außenverteidiger häufig hoch stehen. Oft wird unser gewählter Spieler von dem Außenverteidiger der gleichen Seite angespielt.

Schritt 3

- Zeichne ein, von wo du in deiner gewählten Situation oft den Ball bekommst.

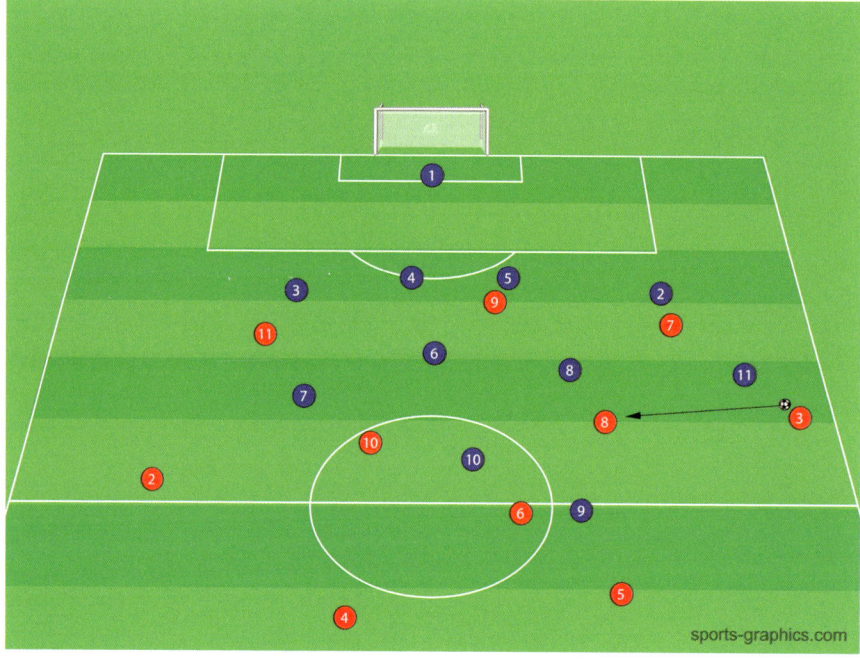

Abb. 51: Individualisierung – Schritt 3: Beispiel

Schritt 4

- Zeichne ein, in welche Situation dein erster Kontakt oder deine gewünschte Spielfortsetzung gehen soll und in welche sie noch gehen könnte, wenn die erste Option durch einen Gegner nicht möglich ist.

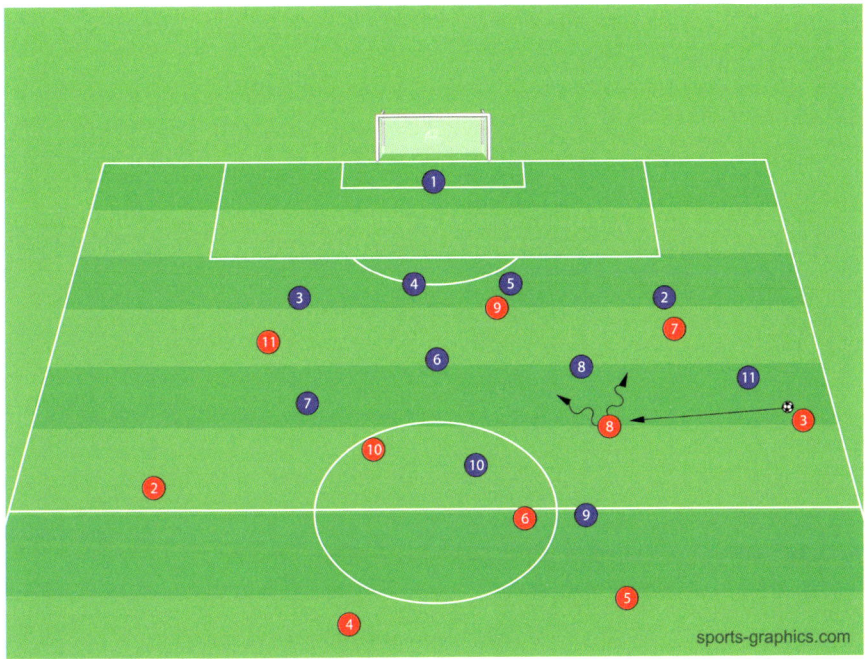

Abb. 52: Individualisierung – Schritt 4: Beispiel

Schritt 5

- Zeichne ein, aus welcher Richtung du visuelle Informationen aufnehmen musst, um diese Situation erfolgreich zu bewältigen. Stelle dir hierfür folgende Fragen:

- Von wo kommt normalerweise der Gegnerdruck?

- In welche Richtung möchtest du Mitspieler ins Spiel bringen oder mit dem ersten Kontakt ins Dribbling übergehen?

- Brauche ich Informationen darüber, wo meine Stürmer sind?

- Oder über das Tor und den Torwart?

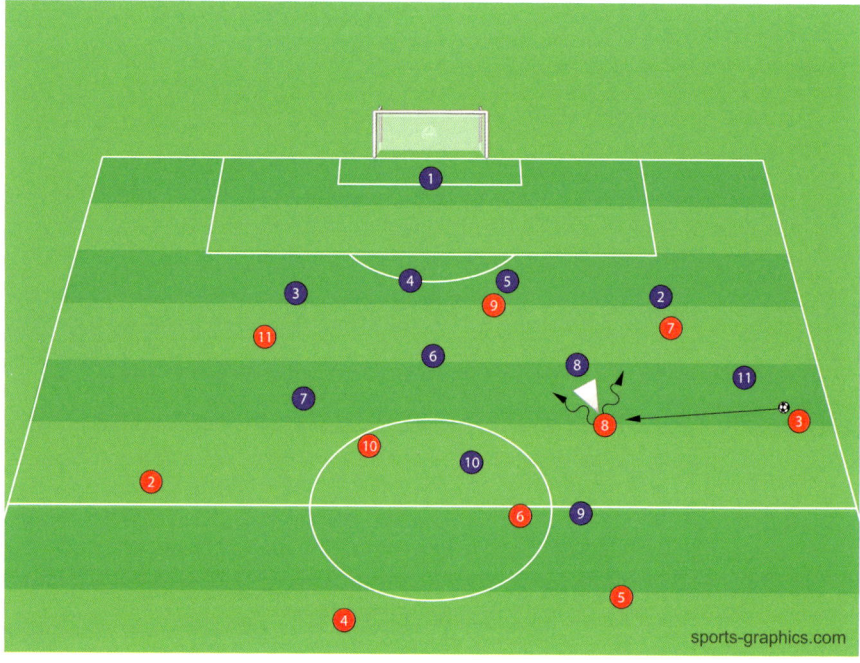

Abb. 53: Individualisierung – Schritt 5: Beispiel

Schritt 6

■ Übertrage die Markierung von deinem Spieler und alle daran eingezeichneten Symbole auf das leere Spielfeld (siehe Abb. 55).

  a. Dann die Wand dort einzeichnen, wo der Ball herkommt.
  b. Das Tool dort einzeichnen, wo die Informationen herkommen sollen (die Mitte des Kegels in angemessener Entfernung → mit Informationen im Spiel vergleichbar).
  c. Tore oder Fortsetzungsoptionen dort einzeichnen, wo die Aktion hingehen soll.

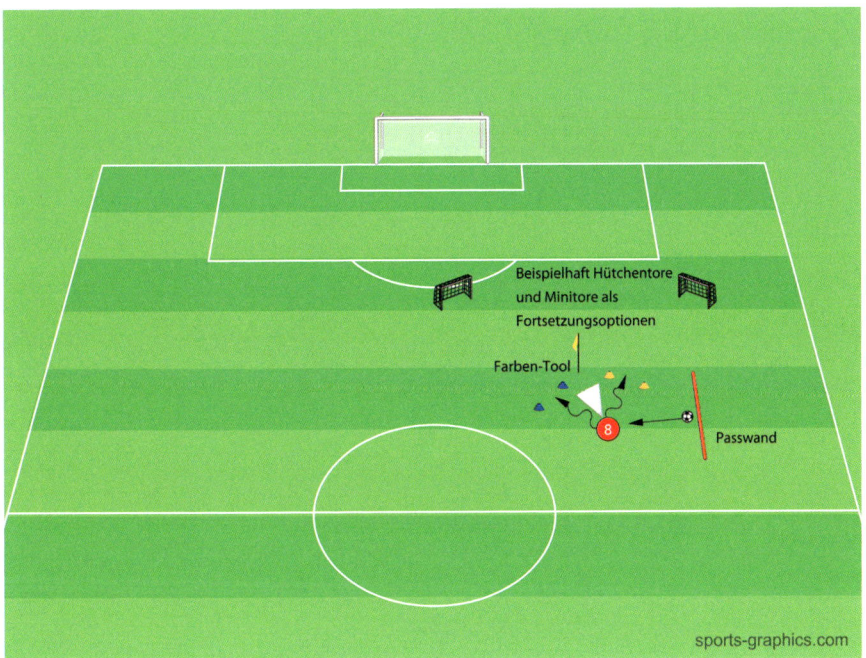

Abb. 54: Individualisierung – Schritt 6: Beispiel

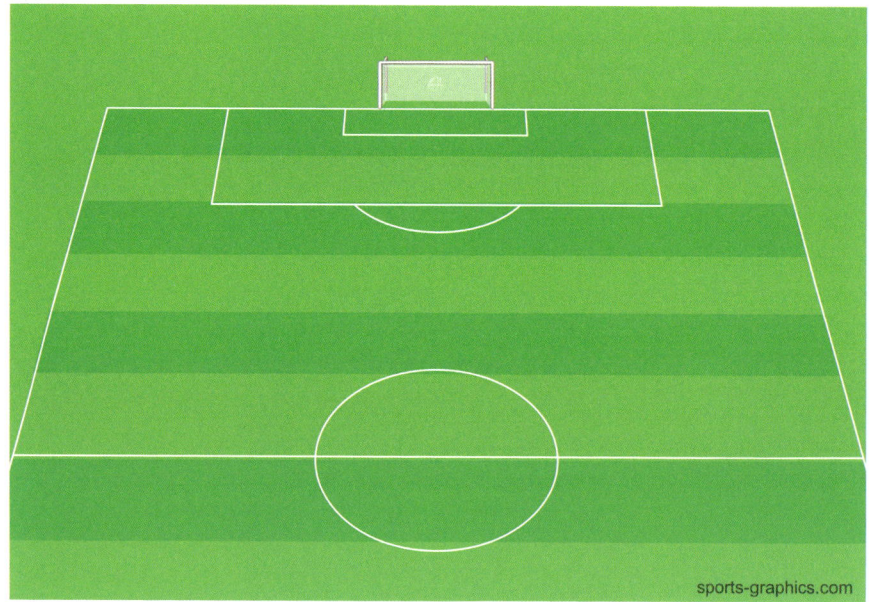

Abb. 55: Individualisierung – Schritt 6: Vorlage

Mit diesen Winkeln kannst du jetzt für dich individuelle Übungen gestalten, die deinen Spielsituationen am nächsten kommen. Du kannst alle kognitiven Varianten zusätzlich einbauen. Du kannst mit verschiedenen Techniken in deine gewünschten Richtungen arbeiten, wobei dir das Farben-Tool die Technik angibt.

Du kannst verschiedenfarbige Tore in deinen gewünschten Zonen der Spielfortsetzung aufbauen und musst auf die angezeigte Farbe reagieren. Du kannst diese Analyse auch, bezogen auf dein Kopfballspiel und -training, noch einmal wiederholen und dir dafür eine individuelle Anpassung erstellen.

Wir arbeiten jetzt an einer ganz spezifischen Spielsituation, aber variieren immer wieder zahlreiche kleine Details, sodass wir die Vorteile des differenziellen Lernens voll ausschöpfen können.

■ Mögliche Variationen durch:

    a. verschiedene Aufgaben (Richtungen, Techniken etc.)
    b. verschiedene Signale
    c. Distanz und genaue Richtung des Tools
    d. Zielrichtungen, Zielzonen
    e. Signale in der Peripherie
    f. Passschärfe, Passrichtung

© picture alliance/dpa | Matthias Balk

6

FOKUSAUFGABEN FÜR DAS TEAMTRAINING

In diesem Kapitel konzentrieren wir uns auf die stufenweise Integration deines Orientierungsprozesses in deine Art und Weise, Fußball zu spielen. Wie in Kap. 3.3 erläutert, ist es empfehlenswert, eine Orientierungsbewegung (Scannen, Schulterblick oder wie du es bezeichnen magst) einzubauen, wenn der Ball rollt, liegt oder fliegt und nicht von einem Mit- oder Gegenspieler berührt wird. Somit kannst du die Bewegungsrichtung des Balls antizipieren und benötigst in diesen Momenten keine visuellen Informationen bezüglich des Balls.

Die Blickwechsel in diesen konkreten Phasen wollen wir jetzt praxisnah in dein eigenes Teamtraining einbauen. Um dich nicht zu überfordern, solltest du das nicht von heute auf morgen gleich in einem Ligaspiel komplett umsetzen, denn im ersten Schritt kann das Integrieren von neuen Abläufen dafür sorgen, dass deine Leistung zunächst abfällt. Und das möchte keiner von uns beiden.

Darum baue es Step für Step ein, sodass du keine Angst haben musst, in wichtigen Spielen plötzlich nicht zu liefern oder durch schlechte Trainingsleistung draußen zu sitzen. Vielleicht kannst du auch deinen Trainer mit ins Boot holen und ihm erklären, was du vorhast, um dich weiterzuentwickeln.

Die Challengestufen habe ich deshalb so klein gestaltet, dass eine Überforderung mit den Aufgaben höchstens kurzzeitig auftritt. Auch hier gilt wieder eine Erfolgsquote von 80 Prozent. Perfektion ist nicht erstrebenswert. Du wirst eher durch die eine Challenge auf die nächste vorbereitet, um im Endeffekt möglichst viele verschiedene Spielsituationen möglichst gut und schnell lösen zu können.

Es wird auch nicht möglich sein, bei jedem einzelnen Pass eine Kopfdrehung einzubauen. Bei extremem Kurzpassspiel würde dir wahrscheinlich eher schwindelig werden, als dass du einen großen Mehrwert erhältst. Auch deshalb orientieren wir uns an 80 Prozent.

Da die verschiedenen Fokusaufgaben auf typische Trainingsübungen bezogen sind, kann es durchaus passieren, dass du eine Aufgabe nicht umsetzen kannst, weil dein Trainer auf andere Art und Weise trainiert. Sollte dies der Fall sein, springe einfach zur nächsten Aufgabe oder überlege dir eine für dich stimmige Anpassung der Challenge.

Challenge 1

In den ersten Aufgaben arbeiten wir in Passformen. Viele Trainer nutzen Passschleifen im ersten Teil des Trainings. Diese eignen sich gut, um ohne Gegnerdruck Kopfbewegungen einzubauen, während der Ball rollt. Eine gute Alternative oder auch Ergänzungen dazu sind Torschussübungen, bei denen manche Trainer konkrete Abläufe im Passspiel vorschalten.

Nutze jeden ZWEITEN Pass dazu, eine Kopfdrehung einzubauen. Dabei sind nicht nur die Pässe zu dir gemeint, sondern alle Pässe, die von deinem Team gespielt werden. Gönne dir natürlich zwischendurch immer wieder mal Pausen. Achte darauf, dass du möglichst über beide Seiten arbeitest, am besten abwechselnd.

Erfolgreich ist eine Aktion dann, wenn du die Ballabgabe gesehen hast, die Kopfbewegung durchgeführt und auch den nächsten ersten Kontakt klar wahrgenommen hast.

Kriterien für eine erfolgreiche Aktion:

- Du hast die Ballabgabe gesehen.
- Du hast die Kopfbewegung durchgeführt.
- Du hast den nächsten Kontakt klar wahrgenommen.

Bei circa 80 Prozent, also bei 8 von 10 Versuchen, empfehle ich dir, zur nächsten Stufe überzugehen.

Challenge 2

Nutze wieder jeden zweiten Pass in Passformen für eine Kopfdrehung. Schaue vorher, welcher Baum oder welche Werbebande sich in der jeweiligen Position als visuelles Ziel anbietet. Je nach Bewegungsrichtung kann es auch ein spezifischer Mitspieler oder die Startposition deiner Mitspieler sein. Achte jedoch darauf, dass du in eine andere Richtung schauen musst als die des Balls.

Dieses visuelle Ziel betrachtest du jetzt bei jeder Kopfdrehung, damit du neben der reinen Drehung auch etwas fixieren musst und dich nicht so anpasst, dass du am Ende nur den Kopf drehst, um den Kopf zu drehen.

Bei 8/10 geht es zur nächsten Challenge.

Challenge 3

Die Kopfdrehung erfolgt bei JEDEM Pass in den Passformen.

Challenge 4

Die Kopfdrehung erfolgt bei jedem Pass in den Passformen und du betrachtest zusätzlich ein visuelles Ziel.

Challenge 5

Bei sehr vielen Trainern haben sich in den letzten Jahren **Rondos** im Trainingsbetrieb bewährt. Die Definitionen gehen dabei teilweise etwas auseinander. Wenn ich jetzt in diesem Kapitel davon spreche, meine ich Überzahl-Unterzahl-Spiele auf Ballhalten. Das bedeutet, dass kein Tor im klassischen Sinne und keine klar vorgegebene Spielrichtung vorhanden ist.

Was immer mal wieder eingebaut wird, sind zum Beispiel Felderwechsel nach einer gewissen Passanzahl. Mache dir mal kurz Gedanken darüber, welche typischen Spielformen dein Trainer in diesem Bereich nutzt und wo du demzufolge die kommenden Übungen einbauen kannst.

In dieser Challenge möchte ich, dass du bei jedem zweiten Pass im Rondo eine Blickbewegung einbaust. Es geht hier wieder nicht konkret um die Pässe, die zu dir gespielt werden, sondern um alle. Die Aufgabe bezieht sich sowohl auf die Phasen, in denen du zur Offensive gehörst, als auch auf die, wo du zur Unterzahl gehörst.

Erfolgreich ist eine Aktion immer erst dann, wenn du die Ballabgabe klar erkannt hast, den Blickwechsel eingebaut hast und den nächsten ersten Kontakt klar wahrnimmst.

Challenge 6

Die Kopfdrehung erfolgt bei jedem zweiten Pass im Rondo. Fixiere zusätzlich bei der Kopfdrehung ein visuelles Ziel.

Versuche dabei schon von Beginn an, wichtige Informationen aufzunehmen. Da wir jetzt in einer Spielform sind, macht es wenig Sinn, dir nun einen Baum als visuelles Ziel auszusuchen. Nutze die Orientierungsphasen in der Offensive dagegen, um zu schauen, wer auf der anderen Feldseite gut anzuspielen ist.

- Welcher Passweg ist offen?
- Wer ist von seiner Körperposition her bereit, sofort den Ball von dir zu bekommen?

In der Defensive solltest du immer wieder deine Orientierungsaktionen dazu nutzen, um zu schauen, wie deine Mit- und vor allem deine Gegenspieler ihre Positionen angepasst haben, sodass du ideal mit deinem Deckungsschatten arbeiten kannst.

Bei 8/10 kommt die nächste Aufgabe.

Challenge 7

Die Kopfdrehung erfolgt bei jedem Pass im Rondo.

Challenge 8

Die Kopfdrehung erfolgt bei jedem Pass im Rondo und du fixierst zusätzlich ein visuelles Ziel.

Challenge 9

Endlich kommen wir zu den „richtigen" Spielformen. Gerade in einer Art Abschlussspiel ist eine Spielform auf normale Tore ja in den meisten Einheiten präsent. Auch hier geht es wieder sowohl um die offensive als auch um die defensive Phase.

Um reinzukommen, nutze wieder jeden zweiten Pass, der von deinem oder dem gegnerischen Team gespielt wird, als Orientierungsphase. Das Sehen von Ballabgabe, Kopfdrehung und Ballmitnahme zählt wieder zu den entscheidenden Faktoren, ob du eine Aktion als erfolgreich oder nicht erfolgreich werten solltest. 80 Prozent sind wieder das Ziel.

Challenge 10

Die Kopfdrehung erfolgt bei jedem zweiten Pass in der Spielform und du fixierst zusätzlich ein visuelles Ziel.

Suche dir wieder diejenigen Informationen, die dir am meisten weiterhelfen. In der offensiven Phase ist es meistens die Info, wo und wie die Mitspieler stehen oder sich bewegen. In der Defensive kann es in der letzten Linie die Bewegung der Stürmer auf Höhe deiner Kette sein. Wenn du höher stehst, ist natürlich auch wieder das Verhalten der Gegenspieler in deinem Rücken wichtig, um gut mit deinem Deckungsschatten arbeiten zu können.

Challenge 11

Die Kopfdrehung erfolgt bei jedem Pass in den Spielformen.

Challenge 12

Die Kopfdrehung erfolgt bei jedem Pass in den Spielformen und du fixierst zusätzlich ein visuelles Ziel.

NEXT LEVEL

Wie schon im Kapitel über die Blickstrategie beschrieben, können sich nicht nur die Passphasen eignen, um sich zu orientieren. Auch im Dribbling ist es möglich. Achte dabei darauf, dass du die Momente nutzt, wenn ein Spieler sich den Ball etwas weiter vorlegt, sodass du ausreichend Zeit hast, den Ballkontakt, die Informationen in deinem Rücken und den nächsten Ballkontakt beobachten zu können. Meistens ist das bei Tempodribblings oder bei einem andribbelnden Spieler im Spielaufbau der Fall.

Da ich natürlich die konkreten Abläufe in deinem Mannschaftstraining nicht kenne, ist es am besten, wenn du dir selbst Gedanken machst, in welche Trainingsübungen oder Trainingsspiele du diese Aufgabe einbauen kannst. So, dass du neben jedem Pass auch geeignete Dribbelphasen dazu nutzt, alle wichtigen Informationen zu sammeln, um im Endeffekt die optimale Entscheidung schnell zu treffen. Die hohe Kunst ist es, alle diese Punkte in jeglicher Spielform und natürlich auch in deine Pflichtspiele zu integrieren.

Tab. 11: Überblick über due Fokusaufgaben im Teamtraining

Überblick: Fokusaufgaben für das Teamtraining			
Infos zur Ausführung:			
▪ Die Ballabgabe sehen, die Kopfdrehung einbauen, den nächsten Kontakt erkennen			
▪ 80 % Erfolgsquote, dann nächste Aufgabe			
Challenge 1	Kopfdrehung bei jedem zweiten Pass in Passformen	S. 131	☐
Challenge 2	Kopfdrehung bei jedem zweiten Pass in Passformen + visuelles Ziel	S. 132	☐
Challenge 3	Kopfdrehung bei jedem Pass in Passformen	S. 132	☐
Challenge 4	Kopfdrehung bei jedem Pass in Passformen + visuelles Ziel	S. 132	☐
Challenge 5	Kopfdrehung bei jedem zweiten Pass in Rondos	S. 132	☐
Challenge 6	Kopfdrehung bei jedem zweiten Pass in Rondos + visuelles Ziel	S. 133	☐
Challenge 7	Kopfdrehung bei jedem Pass in Rondos	S. 133	☐
Challenge 8	Kopfdrehung bei jedem Pass in Rondos + visuelles Ziel	S. 133	☐
Challenge 9	Kopfdrehung bei jedem zweiten Pass in Spielformen	S. 134	☐
Challenge 10	Kopfdrehung bei jedem zweiten Pass in Spielformen + visuelles Ziel	S. 134	☐
Challenge 11	Kopfdrehung bei jedem Pass in Spielformen	S. 134	☐
Challenge 12	Kopfdrehung bei jedem Pass in Spielformen + visuelles Ziel	S. 134	☐
NEXT LEVEL	Zusätzlich ausgewählte Dribbelphasen zur Orientierung nutzen		

7

SCANTRAINING MIT PROFITEMPO

Dieser Trainingsblock ist wahrscheinlich etwas komplett Neues für dich. Du kannst hierbei nämlich die Zeit, in der du dir Profifußball im TV anschaust, nutzen, um besser zu werden. Du verbesserst damit konkret das Timing und die Geschwindigkeit deiner Schulterblicke, da du diesen Bereich an Champions-League- oder Bundesligatempo anpassen musst. Je nachdem, was du dir ansiehst.

Anfangs ist es nicht leicht, aber da kommst du rein. Da bin ich mir sicher. Der Vorteil liegt darin, dass du keine weitere motorische Handlung durchführen musst und dich voll und ganz auf das Timing und die Geschwindigkeit deines Orientierungsprozesses fokussieren kannst.

Equipmentbox

- TV, wo Fußball läuft
- Farben-Tool (eine Sekunde) mit Handy oder Tablet (ab Challenge 3)
- Offenheit für so einen verrückten Kram

Aufbau

Stelle dich circa 1,5-2 Meter vor deinen Fernseher. Im Idealfall hast du hinter dir noch mindestens 1-2 Meter Platz bis zur Wand. Sollte das nicht der Fall sein, ist es aber auch machbar.

Ab Challenge 3 brauchst du das Tool mittig hinter deinem Rücken. Schaue, dass du es irgendwo zwischen Hüft- und Augenhöhe positionierst. Brust- oder Schulterhöhe wäre ideal.

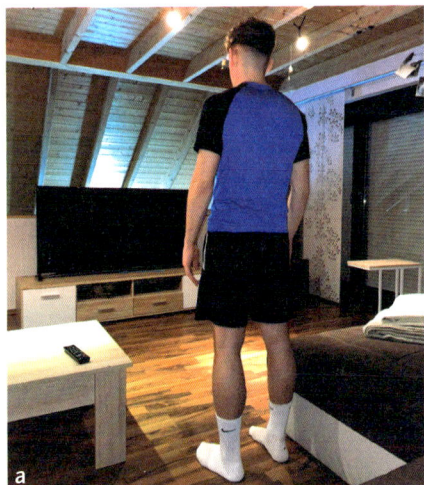

Abb. 56a/b: Aufbau für das Scantraining

Ablauf

Deine grundsätzliche Aufgabe ist ähnlich wie bei deiner Orientierungsphase im Training und Spiel. Versuche immer, deinen Blick in dem Moment eines Ballkontakts auf dem Ball zu halten und nutze die Phasen dazwischen zum Umsehen. Sofern nichts anderes erläutert wird, führe diese Aufgaben immer im Wechsel über die linke und die rechte Schulter aus.

Das Ganze solltest du im Stehen machen, da du sonst deine Halswirbelsäule extrem belastest. Im Stehen kannst du die Position mit deinen Füßen und über die Rotation der gesamten Wirbelsäule beeinflussen, wodurch die Belastung im Bereich der Halswirbelsäule deutlich geringer wird.

Sprechen wir doch mal ganz direkt an, was hier im Raum steht: Du kommst dir wahrscheinlich extrem bescheuert dabei vor. Und so sieht das wahrscheinlich dabei auch aus – nichts für ungut. Ich würde das jetzt auch nicht unbedingt machen, wenn ich mit einer gesamten Mannschaft Fußball schaue.

Aber wenn du bereit bist, dich dafür zu öffnen, kann ich dir nur empfehlen, das in deinen Trainingsprozess zu integrieren. Gerade in Kombination mit den anderen Trainingsbausteinen wird dir das helfen, im Timing und in der Geschwindigkeit deiner Schulterblicke deutlich besser zu werden.

Kriterien für eine erfolgreiche Aktion:

- Du hast die Ballabgabe gesehen.
- Du hast die Scanaufgabe erledigt.
- Du hast den nächsten ersten Kontakt gesehen.

Wenn du es schaffst, dass 80 Prozent der Aktionen erfolgreich sind, empfehle ich dir, zur nächsten Challenge überzugehen.

Belastung

Weil das gerade für den Kopf sehr intensiv ist, empfehle ich dir, damit zu starten, dass du immer eine Minute am Stück daran arbeitest, die jeweilige Challenge zu schaffen und im Anschluss fünf Minuten pausierst. Damit es nicht zu anstrengend wird und du auch noch vom Spiel etwas mitbekommst, kannst du z. B. in der ersten Halbzeit diese Aufgaben machen und in der zweiten „normal" Fußball schauen.

Einmal pro Woche eine Halbzeit mit diesen Aufgaben würde ich dir jedoch mindestens empfehlen, wenn du dieses Trainingsprogramm durchziehen möchtest. Wenn du mehr machst, wirst du dementsprechend auch schneller Fortschritte erzielen.

Wenn du das Gefühl hast, dass Schwindel oder Kopfschmerzen auftauchen sollten, mache bitte ausreichend Pause und warte, bis es dir wieder gut geht. Ausreichend Wasser trinken kann zusätzlich helfen.

Challenge 1

Wir starten dabei wie beim Mannschaftstraining auch mit jedem zweiten Pass. Also bei jedem zweiten Pass schaust du, wenn der Ball unterwegs ist, über eine Schulter. Beim übernächsten Pass, also deiner nächsten Aktion, über die andere. Erst einmal geht es nur um die Kopfdrehung, aber achte auf das saubere Timing, sodass du Ballabgabe und den nächsten ersten Kontakt klar erkennst. Bei 80 Prozent geht es zur Challenge 2.

Challenge 2

Die Kopfdrehung erfolgt bei jedem zweiten Pass. Fixiere zusätzlich ein visuelles Ziel im Rücken.

Challenge 3

Die Kopfdrehung erfolgt bei jedem zweiten Pass. Sage zusätzlich die Farbe im Rücken an.

Challenge 4

Ab hier musst du bei jedem zweiten Pass auf die Farben in deinem Rücken konkret reagieren. Die Farbe, die du siehst, legt fest, in welche Richtung dein nächster Schulterblick geht. Sage dabei am besten trotzdem die Farbe an. Das hilft dir zu Beginn, besser reinzukommen und die Farbe auch konkret zu registrieren.

ROT, GRÜN = rechte Schulter; BLAU, GELB = linke Schulter

Challenge 5

Die Kopfdrehung erfolgt bei jedem zweiten Pass. Das Signal bestimmt die Richtung des folgenden Schulterblicks.

ROT = rechte Schulter; BLAU = linke Schulter
GRÜN, GELB = die gleiche Schulter noch einmal

Challenge 6

Die Kopfdrehung erfolgt bei jedem zweiten Pass. Das Signal bestimmt die Richtung des folgenden Schulterblicks.

ROT = rechte Schulter; BLAU = linke Schulter
GRÜN, GELB = die andere Schulter

Challenge 7

Die Kopfdrehung erfolgt bei jedem zweiten Pass. Das Signal bestimmt die Richtung des folgenden Schulterblicks.

ROT = rechte Schulter; BLAU = linke Schulter
GRÜN = die gleiche Schulter noch einmal
GELB = die andere Schulter

Challenges 8-14

Die Grundabläufe bleiben gleich. Arbeite dich nun erneut durch die Challenges 1-7 mit der Änderung, dass du jetzt bei jedem Pass einen Schulterblick durchführst. Bei 80 Prozent kannst du zur nächsten Challenge gehen. Diese Quote ist hier natürlich schon ordentlich, da nicht bei jedem Pass ein Blick möglich ist, wenn die Distanz einfach zu kurz war. Aber du brauchst auch „nur" 8 von 10.

Wenn viel Kurzpassspiel dabei ist, sei nicht zu selbstkritisch mit dir. Dann gehe ruhig zur nächsten Aufgabe, wenn du 80 Prozent der „sinnvollen" Aktionen bewältigt hast.

Challenges 15-21

Wenn du auch das gepackt hast, kommt die Königsdisziplin. Auch hier empfehle ich dir, die bisherigen Challenges wieder nach und nach mit der Änderung abzuarbeiten. Jetzt solltest du neben jedem Pass auch ausgewählte Momente im Dribbling der Spieler nutzen, um deine Orientierungsphasen einzubauen. Wenn du keine konkrete Vorstellung mehr davon hast, lies dir gern noch einmal Kap. 3.3 durch.

Beurteile die Quote immer danach, was möglich gewesen wäre. Wenn du den Fokus auf diesen Aufgaben hast, wirst du nach und nach ein besseres Gefühl dafür bekommen, bei welchem Dribbling (bzw. zwischen welchen zwei Kontakten) ein Schulterblick möglich und sinnvoll gewesen wäre. Achte immer darauf, dass du den letzten Kontakt klar siehst, die Scanaufgabe bewältigst und du auch den nächsten Kontakt deutlich wahrnimmst.

NEXT LEVEL

Solltest du das bis hierhin alles bewältigt haben, vermute ich, dass du auch auf dem Platz schon Veränderungen wahrnimmst. Wenn du diesen Übungsblock weiter steigern möchtest, empfehle ich dir, an der „Ausdauer" zu arbeiten. Das heißt, wir drehen an den Stellschrauben der Belastungsparameter.

Wir sind gestartet mit einer Minute Belastung und fünf Minuten Pause. Als nächste Schritte kannst du jeweils die Belastungszeit um eine Minute steigern oder die Pausenzeit immer weiter verkürzen. Lege für dich jeweils den einen nächsten Schritt schriftlich fest und mache erst dann weiter, wenn du die 80-Prozent-Quote deines Ziels erreicht hast.

Tab. 12: Überblick Scantraining im Profi-Tempo

Überblick: Scantraining mit Profitempo			
Infos zur Ausführung:			
▪ Die Ballabgabe sehen, die Kopfdrehung einbauen, den nächsten Kontakt erkennen			
▪ 80 % Erfolgsquote, dann die nächste Aufgabe			
▪ 1 Min Belastung, 5 Min Pause			
Challenge 1	Kopfdrehung bei jedem zweiten Pass	S. 138	☐
Challenge 2	Kopfdrehung bei jedem zweiten Pass + visuelles Ziel	S. 139	☐
Challenge 3	Kopfdrehung bei jedem zweiten Pass + die Farbe ansagen	S. 139	☐
Challenge 4	Kopfdrehung bei jedem zweiten Pass + das Farbsignal bestimmt die Richtung der nächsten Kopfdrehung ROT, GRÜN = rechte Schulter BLAU, GELB = linke Schulter	S. 139	☐
Challenge 5	Kopfdrehung bei jedem zweiten Pass + das Farbsignal bestimmt die Richtung der nächsten Kopfdrehung ROT = rechte Schulter BLAU = linke Schulter GRÜN, GELB = die gleiche Schulter noch einmal	S. 139	☐
Challenge 6	Kopfdrehung bei jedem zweiten Pass + das Farbsignal bestimmt die Richtung der nächsten Kopfdrehung ROT = rechte Schulter BLAU = linke Schulter GRÜN, GELB = die andere Schulter	S. 139	☐
Challenge 7	Kopfdrehung bei jedem zweiten Pass + das Farbsignal bestimmt die Richtung der nächsten Kopfdrehung ROT = rechte Schulter, BLAU = linke Schulter GRÜN = die gleiche Schulter noch einmal GELB = die andere Schulter	S. 139	☐
Challenges 8-14	Challenges 1-7 + Kopfdrehung bei jedem Pass	S. 140	☐
Challenges 15-21	Challenges 15-21 + Kopfdrehung bei ausgewählten Dribblings	S. 140	☐
NEXT LEVEL	Belastungsdauer steigern, die Pausen senken		

VISUALTRAINING

Die Bedeutung des visuellen Systems für den Fußball hast du ja schon in Kap. 3.4 kennengelernt. Hier kommen wir zum praktischen Part in diesem Bereich. Wir werden gemeinsam die wichtigsten Funktionen testen und anschließend erhältst du Trainingsempfehlungen, wie du an deinen Defiziten arbeiten kannst oder deine guten Fähigkeiten auf ein noch höheres Level beförderst.

Wie schon bei den Voraussetzungen erläutert, ist es wichtig, dass du alles in diesem Trainingsblock mit den Sehhilfen durchführst, die du auch auf dem Platz benutzt. Spielst du mit Brille, setzt du hier die Brille auf. Spielst du mit Kontaktlinsen, setzt du die Kontaktlinsen ein. Wenn du beides nicht brauchst, hast du hoffentlich noch einmal einen Sehtest in den letzten Wochen oder Monaten gemacht.

Falls nicht, rate ich dir deutlich dazu, denn eine eingeschränkte Sehstärke beeinträchtigt dein Spiel enorm. Du kannst bei nahezu jedem Optiker einen kostenlosen Sehtest durchführen. Bei einigen darüber hinausgehenden visuellen Fähigkeiten hilft dir dieses Kapitel weiter.

WARNHINWEIS

Es gibt einige Ermüdungs- und Überlastungsanzeichen, die auftreten können. Auf diese solltest du beim Training achten und gegebenenfalls eine Pause einlegen oder die Schwierigkeit verringern. Dies können zum Beispiel sein:

- tränende Augen
- Kopfschmerzen
- Schwindel
- Übelkeit oder
- das Vorschieben des Kopfs

8.1 DIE GRUNDLAGEN DES VISUALTRAININGS

Vorbereitung für die Tests – deine Checkliste

Equipmentbox

Folgende Dinge solltest du zur Verfügung haben bzw. einrichten können, wenn du am visuellen System arbeiten möchtest:

- Wenn benötigt, dann Kontaktlinsen vorher einsetzen
- Brock-String
- Trainings-Charts (siehe QR-Code im jeweiligen Kapitel)
- Befestigungsmöglichkeit für den Brock-String leicht unter Augenhöhe
- Position im Stehen mit möglichem Blickziel in der Ferne (mindestens sechs Meter)
- eine Position für dein Smartphone, aus der du möglichst mittig beide Augen aufnehmen kannst.

Dein dominantes Auge

Abb. 57a/b: Dominantes Auge

Test

Lege wie in dem obigen Bild deine Hände so übereinander, dass ein Loch entsteht, das nicht größer ist als eines deiner Augen. Strecke deine Arme, sieh durch das Loch auf ein bestimmtes Ziel und fixiere es.

Nun behalte das Ziel durch dieses Loch im Auge und bewege langsam deine Hände zu deinem Gesicht, bis du nur wenige Zentimeter davor angelangt bist.

Die spannende Frage ist jetzt:

* Vor welchem Auge bist du mit den Händen gelandet?

Dieses ist dein „dominantes Auge" oder auch „Führungsauge". Das bedeutet nicht grundsätzlich, dass das andere Auge schlechter sieht. Dein dominantes Auge ist lediglich schneller als dein nicht dominantes.

In meinen bisherigen Erfahrungen mit Fußballern bestand jedoch meistens ein Zusammenhang, sodass oft die visuellen Fähigkeiten aufseiten des dominanten Auges besser ausgeprägt waren. Wir werden bei den folgenden Tests sehen, ob das bei dir auch der Fall ist.

Und auch, wenn dieser Basistest für das dominante Auge keinen direkten Einfluss auf deinen Trainingsplan haben wird, kann es für dich interessant sein, welches Auge dominiert, da viele Sportler ihren Kopf oder ihren Körper so drehen, dass die visuelle Arbeit vermehrt vom dominanten Auge übernommen wird. Es kann auch an diesen Dingen liegen, dass du dich auf dem Feld auf einer Seite wohler fühlst oder eine Seite lieber anspielst.

Hinweise, ob du solche Erscheinungen auch hast, bekommst du zusätzlich aus den Tests für das beidäugige Sehen in Kap. 8.3.

Vor welchem Auge sind deine Hände gelandet? Dies ist dein dominantes Auge.

Dominantes Auge: _____   Nicht dominantes Auge: _____

Palming

Das sogenannte *Palming* nutzen wir, um vor und nach dem Training deine Augen zu entspannen. Sie sind über den gesamten Tag extrem gefordert und müssen dir durchgehend Informationen liefern, sodass wir sie vor dem Visualtraining zunächst relaxen wollen. Nur wenn es ganz schwarz vor dem Auge wird, erreichen wir eine Netzhautentspannung.

Abb. 58a/b: Palming

Reibe dafür die Hände ein paar Sekunden lang kräftig und schnell aneinander, um eine Reibungswärme zu erzeugen. Die erwärmten Hände legst du nun über die geschlossenen Augen und versuchst, diesen Bereich so abzudunkeln, dass keinerlei Licht zu erkennen ist und für dich nur noch ein möglichst tiefes Schwarz zu sehen ist. Achte dabei darauf, dass du keinerlei Berührung auf die Augen ausübst. Deine Hände sollten einen gewissen Hohlraum bilden, sodass die Augen nicht durch Druck gereizt werden.

Als Basisübung empfehle ich dir, diese Augenentspannung circa 30 Sekunden vor und nach dem Visualtraining durchzuführen. Wenn du möchtest, baue die Übung auch gerne vor anderen Trainingssessions ein.

8.2 AUGENMOTORIK

Augenmotorik, auch als **Motilität** bezeichnet, ist die Fähigkeit deiner Augen, Bewegungen in verschiedenste Richtungen durchzuführen und bestimmte Punkte stabil zu halten. Dabei solltest du bei starker Kurzsichtigkeit (-6 Dioptrien oder mehr) darauf achten, nur kleine Bewegungen beim Visualtraining einzubauen.

Wenn das auf dich zutreffen sollte und du unsicher bist, empfehle ich dir, über die Informationen unter dem QR-Code auf S. 204 einen Experten im Bereiche Visualtraining aufzusuchen. In Deutschland ist der ideale Ansprechpartner in diesen Dingen *Dynamic Eye* in Köln.

Fixation

Fixation ist die Grundlage des Sehens. Damit du Informationen gut wahrnehmen und verarbeiten kannst, müssen es deine Augen zunächst schaffen, einen konkreten Punkt zu fixieren und diese Fixierung halten zu können. Oft gibt es schon dabei Schwierigkeiten, wodurch weitere visuelle Fähigkeiten wie das dreidimensionale oder periphere Sehen stark beeinträchtigt sind.

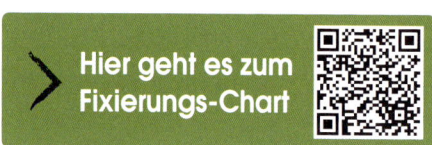

https://download.m-m-sports.com/extras/360_Grad_Fussballer/Farbfixierung.pdf

Test

Abb. 59: Farbfixierung – bunt

Stelle dich wieder in einen hüftbreiten Stand und schaue dir bitte diese vier Vierecke mit Blick nach vorne an. Deinen Blick sollst du jetzt im Mittelpunkt des weißen Kreuzes fixiert halten. Verdecke mit einer Augenklappe oder deiner hohlen Hand dein rechtes Auge und halte den mittleren Punkt mit dem linken Auge für 20 Sekunden fixiert. Du findest diese Abbildung für dein Training auch unter dem QR-Code zum Ausdrucken.

Abb. 60: Farbfixierung – weiß

Schaue im Anschluss in die Mitte des weißen Vierecks oder auf eine weiße Wand, halte einen mittigen Punkt mit dem gleichen Auge fixiert und achte darauf, was passiert.

Trage das, was du erkannt hast, in die rechts oben stehende Auswertung ein. Anschließend wiederholst du den Ablauf mit dem anderen Auge und dann mit beiden Augen. Trage das, was du wahrnimmst, in die Auswertung ein.

Linkes Auge:

☐ Nichts gesehen ☐ Klare Kanten ☐ Farben gesehen; Anzahl: _____

Rechtes Auge:

☐ Nichts gesehen ☐ Klare Kanten ☐ Farben gesehen; Anzahl: _____

Beidäugig:

☐ Nichts gesehen ☐ Klare Kanten ☐ Farben gesehen; Anzahl: _____

Unser Gehirn adaptiert die Informationen, die unser Auge erhält, wodurch auf glatten Flächen ein sogenanntes *Nachbild* entstehen kann. Je besser du einen konkreten Punkt fixieren kannst, desto klarer und deutlicher wird das Nachbild, welches die Farben wie ein Negativfoto umkehrt. Im Idealfall siehst du also alle vier Farben im Nachbild so, dass du klare Abgrenzungen erkennst und jeweils die linke und rechte Farbe vertauscht sind.

Ist dies nicht der Fall, schafft es dein Auge nicht, einen Punkt über diesen Zeitraum zu fixieren. Dann solltest du mit Challenge 1 beginnen. Wenn du das jedoch gleich mit beiden Augen einzeln schaffst, kannst du sofort bei Challenge 3 einsteigen.

Trage die Nummer der jeweiligen Challenge bei Zeile 8 in den Trainingsplan auf Seite 207 ein.

Abb. 61a-h: Fixation

Challenge 1

Begib dich in eine sitzende Position. Beide Füßen sollen fest am Boden stehen und deine Wirbelsäule sollte lang sein. Dein Blick geht entspannt nach vorne. Betrachte in drei Durchgängen (linkes Auge, rechtes Auge, beide Augen) in diese Richtung die Mitte des weißen Kreuzes für 20 Sekunden, anschließend visierst du wieder das freie weiße Feld an und achtest auf dein Nachbild.

Wenn du bei allen drei Durchgängen alle vier Farben und klare Kanten im Nachbild erkennst, kannst du zur nächsten Stufe übergehen.

Challenge 2

Wie in Challenge 1 führst du drei Durchgänge (linkes Auge, rechtes Auge, beidäugig) mit jeweils 20 Sekunden durch. Durch deine Position (Abb. 61c) wird es erschwert. Führe es im Stand mit hüftbreiter Fußposition durch.

Challenge 3

Fixiere wie oben die gleichen Punkte mit geschlossenen Füßen.

Challenge 4

Fixiere die gleichen Bereiche im Tandemstand. Die Füße stehen dabei hintereinander auf einer Linie. Jeweils nach 20 Sekunden betrachtest du einen Punkt auf der weißen Fläche. Die Bewertung erfolgt wie bisher. Führe diese Variante einmal mit dem linken und einmal mit dem rechten Fuß vorne durch.

Challenge 5

Fixiere die gleichen Bereiche im Gehen. Jeweils nach 20 Sekunden bleibst du stehen und betrachtest im Stand die weiße Fläche. Die Bewertung erfolgt wie bisher.

Challenge 6

Wie Challenge 5 → nur im Rückwärtsgehen

Challenge 7

Die Fixation erfolgt mit Blick über die linke bzw. rechte Schulter (s. Abb. 61h). Gehe erst zur nächsten Challenge, wenn beides funktioniert.

Challenge 8

Die Fixation erfolgt im Vorwärtslaufen (alle drei Varianten).

Challenge 9

Die Fixation erfolgt im Rückwärtslaufen (alle drei Varianten).

NEXT LEVEL

Du hast natürlich wieder zahlreiche Möglichkeiten, um diese Challenges zu steigern oder individuell anzupassen. Beispielsweise kannst du den Kopf oder die Augen in eine gewünschte Richtung bewegen und dort das Fixieren trainieren.

Du könntest zum Beispiel den Kopf und den Blick nach unten in Richtung eines Balls richten. Eine andere Variante wäre der Blick nach vorne, aber mit geneigtem Kopf nach links oder nach rechts, sodass Teile deines Gleichgewichtsorgans aktiviert werden. Dieses steht neuronal in enger Verbindung zu deinen Augen und muss in jeder Spielsituation mit ihnen kommunizieren.

Tab. 13: Überblick Visualtraining – Fixation

Überblick: Visualtraining – Fixation		
Infos zur Ausführung: ■ 20 Sekunden in die Mitte des weißen Kreuzes schauen ■ Anschließend die Mitte des weißen Vierecks fixiert halten ■ Mit jedem Auge einzeln und beidäugig durchführen		
Challenge 1	Sitzende Position	S. 151 ☐
Challenge 2	Im hüftbreiten Stand	S. 151 ☐
Challenge 3	Im Stand mit geschlossenen Füßen	S. 151 ☐
Challenge 4	Im Tandemstand (1 x links, 1 x rechts vorne)	S. 151 ☐
Challenge 5	Im Vorwärtsgehen	S. 151 ☐
Challenge 6	Im Rückwärtsgehen	S. 151 ☐
Challenge 7	Im Stand mit Blick über die Schulter (1 x pro Seite)	S. 151 ☐
Challenge 8	Im Vorwärtslaufen	S. 152 ☐
Challenge 9	Im Rückwärtslaufen	S. 152 ☐
NEXT LEVEL	Variationen mit anderen Richtungen der Augen oder des Kopfs	

Blicksprünge

Blicksprünge (oder auch *Sakkaden*) benötigst du in nahezu jeder Situation. Das ist zum einen das aktive, bewusste Umsehen beim Orientieren oder beim Wechsel zwischen Ball und Ferne, aber auch bei den zahlreichen Minisprüngen, den sogenannten *Mikrosakkaden*, die vollkommen automatisch ablaufen, wenn du auf dem Platz unterwegs bist und deine Augen reflexartig immer wieder auf neue Punkte springen.

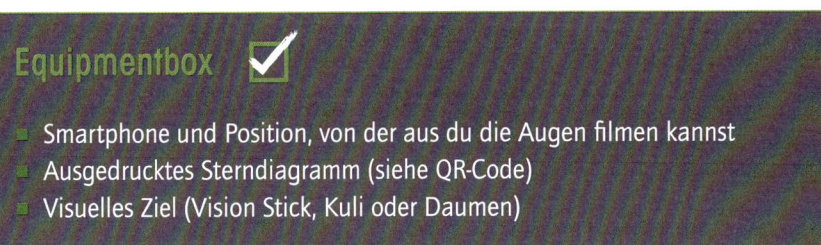

Equipmentbox

- Smartphone und Position, von der aus du die Augen filmen kannst
- Ausgedrucktes Sterndiagramm (siehe QR-Code)
- Visuelles Ziel (Vision Stick, Kuli oder Daumen)

Hier geht es zum Sterndiagramm

https://download.m-m-sports.com/extras/360_Grad_Fussballer/Sterndiagramm.pdf

Test

Nutze das Sterndiagramm, was du unter dem QR-Code findest und befestige es vor dir auf Augenhöhe. Alternativ halte zwei Blickziele in deinen Händen (oder fixiere einfach nur deine Daumennägel) so weit auseinander, dass du beide mit beiden Augen siehst.

Um das zu testen, kannst du jeweils ein Auge schließen, damit du siehst, ob dir das andere Auge das Ziel noch anzeigt. Wenn das Blickziel zu weit außen ist, kannst du es daran erkennen, dass es mit einem Auge nicht mehr sichtbar ist.

Um deine Augenbewegungen im Anschluss detailliert beurteilen zu können, solltest du eine Möglichkeit finden, mit deinem Smartphone deine Augen währenddessen zu filmen. Das kannst du zum Beispiel auch über einen Partner einrichten, der dir dabei hilft. Solltest du keine Möglichkeit dazu finden, musst du extrem aufmerksam die Augenbewegungen durchführen, um jegliches Kompensationsverhalten zu erkennen.

Abb. 62: Sterndiagramm

Begib dich circa 50 Zentimeter vor dem Sterndiagramm in eine Standposition mit geschlossenen Füßen. Nun springe mit deinen Augen in der Horizontalen im Wechsel von einem Ziel zum anderen und versuche, möglichst genau wahrzunehmen, was passiert.

Die Blickziele sind entweder deine Daumennägel oder die äußeren Punkte des Sterndiagramms. Springe circa fünfmal von links nach rechts und betrachte anschließend dein Video, um deine Augen- und Kopfbewegungen zu analysieren.

Folgende Dinge können in den verschiedenen Richtungen auftreten:

- Deine Augen springen zu weit und du musst mit ihnen ein Stück „zurückspringen" (Kürzel: zw).

- Dein Blicksprung ist zu kurz und du musst noch ein Stück „weiterspringen" (zk).

- Du bewegst den Kopf mit in die Blickrichtung (KB).

- Du bekommst Balanceprobleme (BP).

Alle diese Signale sind Zeichen dafür, dass du diese Blicksprungrichtung trainieren solltest. Trage das, was dir aufgefallen ist, in die Abb. 63 bei der jeweiligen Richtung ein.

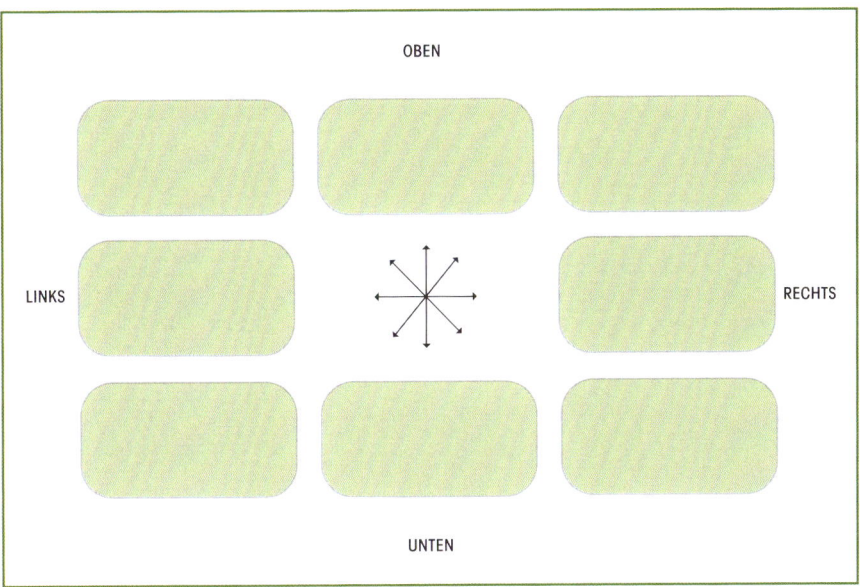

Abb. 63: Blicksprungauswertung

Führe den gleichen Ablauf für die anderen Achsen durch:

- oben – unten

- unten links – oben rechts

- unten rechts – oben links

Die Blicksprünge in welche Richtungen haben bei dir die meisten Reaktionen ausgelöst?

Links ☐ – Rechts ☐

Oben ☐ – Unten ☐

Links oben ☐ – Rechts unten ☐

Rechts oben ☐ – Links unten ☐

Markiere im Trainingsplan auf S. 207 in Zeile 9 die auffälligsten Richtungen, indem du sie im Stern nachzeichnest.

Genau in diese Richtungen, in denen du aktuell Schwierigkeiten hast, solltest du in den ersten Wochen trainieren, bis du präzise und ohne das Gleichgewicht zu verlieren in alle Richtungen Blicksprünge ausführen kannst.

Dabei springst du immer wieder mit deinen Augen auf einen Punkt in die entsprechende Richtung und auf der gleichen Achse in die entgegengesetzte Richtung. Achte dabei darauf, dass du immer erst dann einen neuen Blicksprung ausführst, wenn du einen stabilen Stand hast und ein klares Bild vom Ziel.

Hast du keins der Defizite und alle Richtungen funktionieren präzise und ohne Kopfbewegungen, kannst du gleich bei Challenge 4 einsteigen.

Abb. 64a-d: Blicksprünge

Challenge 1

Begib dich in eine sitzende Position. Beide Füße sollen fest am Boden stehen und deine Wirbelsäule sollte lang sein. Dein Blick geht entspannt nach vorne, wo du das Sterndiagramm befestigt hast oder vor deine Augen hältst.

Führe fünf Blicksprünge in beide Richtungen einer Achse durch und achte darauf, ob du den Kopf neutral halten kannst und ohne Korrektursprünge auskommst. Gelingt dir das in alle acht Richtungen, kannst du zur nächsten Challenge übergehen.

Challenge 2

Wie in Challenge 1 führst du pro Achse fünf Blicksprünge durch. Wir erschweren die Übung durch deine Position. Führe die Blicksprünge im Stand mit hüftbreiter Fußposition durch. Wenn alle Richtungen ohne Probleme funktionieren, gehst du zur nächsten Challenge (Abb. 64a).

Challenge 3

Wie Challenge 2 → mit geschlossenen Füßen durchführen

Challenge 4

Stelle deine Füße auf einer Linie direkt hintereinander und führe alles Weitere wie in Challenge 2 beschrieben durch. Du sollst diese Aufgaben einmal mit dem linken und einmal mit dem rechten Fuß vorne bewältigen können.

Challenge 5

Führe ohne das Sterndiagramm die gleiche Aufgabe im Gehen durch. Die Bewertung erfolgt wie bisher.

Challenge 6

Wie Challenge 5 → Im Rückwärtsgehen die Blicksprünge durchführen

Challenge 7

Diesmal drehst du dich zur Seite, damit du die Zielbereiche über der Schulter anvisieren kannst. Führe die Aufgaben sowohl über die linke als auch über die rechte Schulter durch. Gehe erst zur nächsten Challenge, wenn beides funktioniert.

Challenge 8

Wie Challenge 5 → im Vorwärtslaufen durchführen

Challenge 9

Wie Challenge 8 → im Rückwärtslaufen durchführen

NEXT LEVEL

Wie immer hast du zahlreiche Möglichkeiten, um diese Challenges zu steigern oder individuell anzupassen. Beispielsweise kannst du den Kopf oder die Augen in eine gewünschte Richtung bewegen und dort Blicksprünge trainieren.

Du könntest zum Beispiel den Kopf und den Blick nach unten in Richtung eines Balls richten. Eine andere Variante wären Blicksprünge mit seitlich geneigtem Kopf, um erneut zusätzlich das Gleichgewichtsorgan zu fordern.

Willst du bei präzisen Blicksprüngen das Tempo mehr fordern, kannst du eine Metronom-App nutzen, um einen bestimmten Rhythmus zu bekommen. Nach und nach kannst du dabei die Geschwindigkeit erhöhen.

Tab. 14: Überblick Visualtraining – Blicksprünge

Überblick: Visualtraining – Blicksprünge			
Infos zur Ausführung:			
■ Das Sterndiagramm oder zwei Blickziele vor dem Körper halten oder befestigen			
■ Fünf Blicksprünge von einer zur anderen Richtung			
■ In allen vier Achsen arbeiten			
■ Auf Korrektursprünge achten			
Challenge 1	Sitzende Position	S. 157	☐
Challenge 2	Im hüftbreiten Stand	S. 157	☐
Challenge 3	Im Stand mit geschlossenen Füßen	S. 157	☐
Challenge 4	Im Tandemstand (1 x links, 1 x rechts vorne)	S. 157	☐
Challenge 5	Im Vorwärtsgehen	S. 157	☐
Challenge 6	Im Rückwärtsgehen	S. 157	☐
Challenge 7	Im Stand mit Blick über die Schulter (1 x pro Seite)	S. 158	☐
Challenge 8	Im Vorwärtslaufen	S. 158	☐
Challenge 9	Im Rückwärtslaufen	S. 158	☐
NEXT LEVEL	Variationen mit anderen Richtungen der Augen oder des Kopfs		

Augenfolgebewegungen

Bei **Augenfolgebewegungen** (oder auch **Pursuits**) sind deine Blicke auf einen Punkt fixiert, der sich bewegt. In Spielsituationen benötigst du das immer wieder, um Bewegungen der Mitspieler, Gegenspieler und vor allem natürlich des Balls zu folgen. Ähnlich wie bei den Blicksprüngen kann man nicht davon ausgehen, dass diese Pursuits in alle Richtungen gut laufen, nur weil sie in eine gut funktionieren. Darum werden wir wieder jegliche Richtung testen.

Equipmentbox ✓

■ Smartphone und Position, von der aus du die Augen filmen kannst
■ Sterndiagramm
■ Visuelles Ziel, welches du bewegen kannst

Test

Wir nutzen zum Testen erneut das Sterndiagramm, welches du möglichst mittig vor dir auf Augenhöhe befestigst. Zusätzlich benötigst du ein bewegliches visuelles Ziel, was entweder ein Vision Stick, ein Punkt auf einem Daumennagel oder die Spitze eines Kugelschreibers sein kann. Richte auch wieder die Kamera deines Smartphones auf deine Augen, um sie anschließend im Detail analysieren zu können.

Begib dich erneut in einen Stand mit geschlossenen Füßen und halte dein visuelles Ziel in Richtung des Mittelpunkts auf dem Sterndiagramm. Da wir auch testen wollen, ob dein linkes und dein rechtes Auge unterschiedlich arbeiten, werden wir die Augenfolgebewegungen einäugig durchführen.

Decke dafür mit der hohlen Handinnenfläche (siehe Abb. 65) ein Auge so ab, dass du keinen direkten Kontakt zum Auge hast und trotzdem diese Seite durch die Handfläche komplett abgedunkelt ist. Den Vision Stick (oder ein anderes Ziel) nimmst du in die andere Hand.

Abb. 65: Testpositionen Pursuits

Bewege nun das Ziel horizontal im Wechsel nach links und nach rechts mit einer Bewegungsgeschwindigkeit von circa einer Sekunde pro Richtung. Bleibe dabei aufrecht mit langer Wirbelsäule in deiner Standposition stehen. Nutze dabei die horizontale Linie des Sterndiagramms als Orientierung für eine saubere Bewegung des visuellen Ziels.

Solange du das Ziel siehst, kannst du die Bewegung auch links und rechts über das Ende der Linien hinaus fortsetzen, dein Kopf soll sich jedoch nicht mitbewegen.

Führe pro Achse fünf Bewegungen pro Richtung durch und wechsle dann zur nächsten. Führe den Test auch in den Achsen oben-unten, links oben-rechts unten, rechts oben-links unten durch und notiere, was dir besonders auffällt. Versuche, nur die Augen zu bewegen und Kopf sowie Körper ruhig zu halten.

Wenn du anschließend dein Video betrachtest, achte auf folgende Punkte und notiere dir Auffälligkeiten in der unten stehenden Übersicht

Folgende Punkte solltest du notieren, wenn sie dir auffallen:

- Deine Augen entfernen sich vom Ziel (e).

- Du bewegst den Kopf mit in die Blickrichtung (KB).

- Deine Augen springen beim Verfolgen des Ziels (sp).

- Du bekommst Balanceprobleme (BP).

Alle diese Signale sind Zeichen dafür, dass du Augenfolgebewegungen in diese Bewegungsrichtung trainieren solltest. Trage das, was dir aufgefallen ist, in die Abbildungen bei der jeweiligen Richtung ein.

Das rechte Auge macht Augenfolgebewegungen:

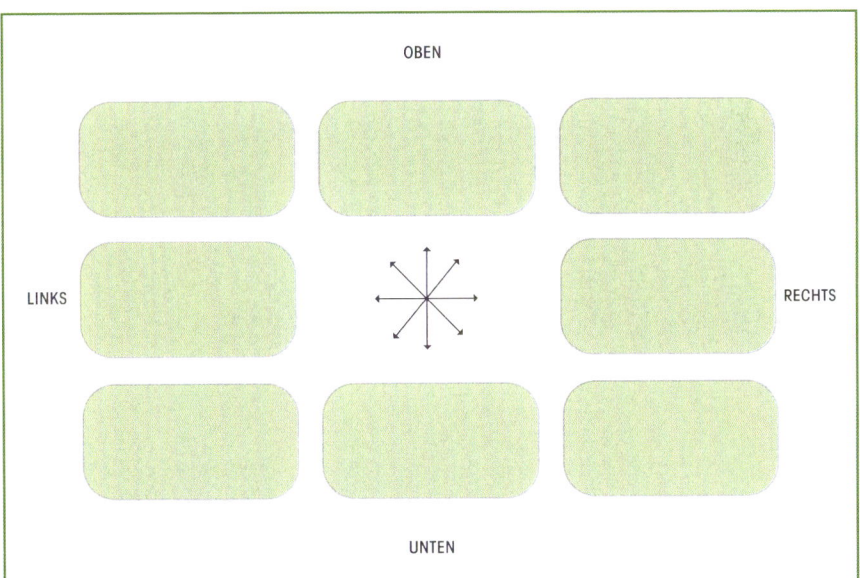

Abb. 66: Auswertung Pursuits – rechtes Auge

Das linke Auge macht Augenfolgebewegungen:

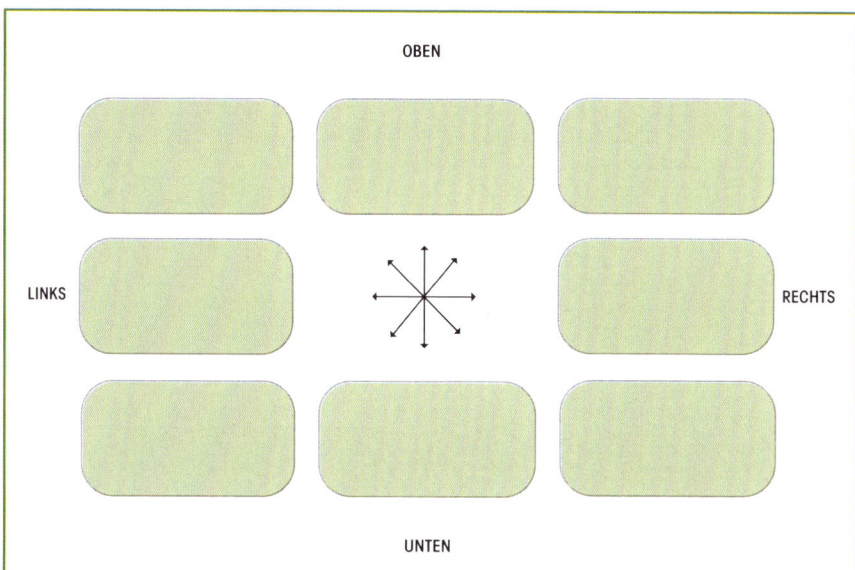

Abb. 67: Auswertung Pursuits – linkes Auge

■ Gab es bei dir in bestimmten Richtungen eine Auffälligkeit?

Tab. 15: Auswertung auffällige Achsen

Bewegung linkes Auge		Bewegung rechtes Auge	
Links – rechts	☐	Links – rechts	☐
Oben – unten	☐	Oben – unten	☐
Links oben – rechts unten	☐	Links oben – rechts unten	☐
Rechts oben – links unten	☐	Rechts oben – links unten	☐

Auswertung der auffälligen Achsen

Trage deine Erkenntnisse in Zeile 10 des Trainingsplans auf S. 207 ein.

Du kannst diese Tests auch gerne abschließend noch einmal beidäugig durchführen, um herauszufinden, ob beide Augen gemeinsam flüssig das Ziel verfolgen können. Beim Zusammenspiel beider Augen gehen wir jedoch auch in Kap. 8.3 noch ins Detail.

Training

Genau das Auge und diese Richtungen, mit denen du aktuell Schwierigkeiten hast, solltest du immer wieder vermehrt trainieren, wenn du eine Challenge nicht gleich bewältigen kannst. Arbeite so lange daran, bis du präzise und ohne das Gleichgewicht zu verlieren, in alle Richtungen Augenfolgebewegungen durchführen kannst.

Dabei bewegst du immer wieder das Ziel, welches dein Auge fixiert, auf der jeweiligen Achse hin und her. Achte dabei darauf, dass du das Tempo so anpasst, dass du gerade so folgen kannst. Wir wollen mit der Geschwindigkeit arbeiten, die dich wirklich fordert. Stellst du Verbesserungen fest, kannst du das Tempo nach und nach erhöhen.

Achte darauf, dass du anschließend in der jeweiligen Achse noch 3-5-mal mit beiden Augen das Ziel verfolgst, damit deine Augen zum Abschluss immer wieder zusammenarbeiten müssen.

Wenn du feststellst, dass du dich nicht weiter verbesserst, nutze gerne die Neurobooster (in Kapitel 8.5), um den nächsten Schritt zu machen.

Starte bei den Challenges von Beginn an, wenn du bei den Tests Defizite hast. Hattest du keine, legst du gleich bei Challenge 4 los.

Challenge 1

Begib dich in eine sitzende Position. Beide Füße sollen fest am Boden stehen und deine Wirbelsäule sollte lang sein. Dein Blick geht entspannt nach vorne, wo du das Sterndiagramm mittig auf Augenhöhe befestigt hast und ein visuelles Ziel (Vision Stick, Daumen, Kuli) mittig auf das Sterndiagramm ausgerichtet hältst.

Halte mit der linken Hand das linke Auge geschlossen und führe mit der rechten Hand fünf Bahnen in jede Richtung einer Achse durch. Achte darauf, ob du den Kopf neutral halten kannst und das Blickziel in jedem Moment im Auge behältst. Bewege dabei mit einer Geschwindigkeit von circa einer Sekunde pro Bahn das visuelle Ziel. Anschließend führst du die Übung mit dem linken Auge durch und dunkelst mit der rechten Hand das rechte Auge ab.

Wenn dir das sowohl mit dem linken als auch mit dem rechten Auge in allen acht Richtungen gelingt und du dabei eine stabile Position halten kannst, gehe zur nächsten Challenge über.

Challenge 2

Wie Challenge 1 → im Stehen mit hüftbreiter Position durchführen

Abb. 68a/b: Pursuits – Challenge 2

Challenge 3

Wie Challenge 2 → mit geschlossenen Füßen durchführen

Abb. 69a/b: Pursuits – Challenge 3

Challenge 4

Stelle deine Füße auf einer Linie direkt hintereinander und führe alles Weitere, wie in Challenge 2 beschrieben, durch. Du solltest diese Aufgaben einmal mit dem linken und einmal mit dem rechten Fuß vorne bewältigen können.

Abb. 70a/b: Pursuits – Challenge 4

Challenge 5

Führe ohne Sterndiagramm die gleiche Aufgabe im Gehen durch. Die Bewertung erfolgt wie bisher.

Challenge 6

Wie Challenge 5 → im Rückwärtsgehen durchführen

Challenge 7

Diesmal drehst du dich zur Seite, damit du die Zielbereiche über der Schulter anvisieren kannst. Führe die Aufgaben sowohl über die linke als auch über die rechte Schulter durch. Gehe erst zur nächsten Challenge, wenn beide Richtungen sowohl mit dem linken als auch mit dem rechten Auge funktionieren.

Challenge 8

Wie Challenge 5 → im Vorwärtslaufen durchführen

Challenge 9

Wie Challenge 8 → im Rückwärtslaufen durchführen

NEXT LEVEL

Wie immer hast du zahlreiche Möglichkeiten, um diese Challenges zu steigern oder individuell anzupassen. Beispielsweise kannst du den Kopf oder die Augen in eine gewünschte Richtung bewegen und dort Augenfolgebewegungen trainieren.

Du könntest zum Beispiel den Kopf und den Blick nach unten in Richtung eines Balls richten. Eine andere Variante wären Pursuits mit seitlich geneigtem Kopf, um erneut zusätzlich das Gleichgewichtsorgan zu fordern. Oder du baust ein Metronom ein, um die Aspekte des Tempos und Rhythmus hinzuzufügen. Sei kreativ und überlege dir genau, in welcher Richtung im Spiel du häufig Blickziele wohin verfolgen musst.

Tab. 16: Überblick Visualtraining – Augenfolgebewegungen

Überblick: Visualtraining – Augenfolgebewegungen		
Infos zur Ausführung: ■ Vor dem Sterndiagramm ein Blickziel von einer Außenposition zur gegenüberliegenden Seite verfolgen ■ Fünf Bewegungen pro Richtung mit je einer Sekunde pro Bahn ■ Immer mit jeweils einem Auge arbeiten ■ In allen vier Achsen arbeiten		
Challenge 1	Sitzende Position	S. 163 ☐
Challenge 2	Im hüftbreiten Stand	S. 164 ☐
Challenge 3	Im Stand mit geschlossenen Füßen	S. 164 ☐
Challenge 4	Im Tandemstand (1 x links, 1 x rechts vorne)	S. 165 ☐
Challenge 5	Im Vorwärtsgehen	S. 165 ☐
Challenge 6	Im Rückwärtsgehen	S. 165 ☐
Challenge 7	Im Stand mit Blick über die Schulter (1 x pro Seite)	S. 165 ☐
Challenge 8	Im Vorwärtslaufen	S. 166 ☐
Challenge 9	Im Rückwärtslaufen	S. 166 ☐
NEXT LEVEL	Variationen mit anderen Richtungen der Augen oder des Kopfs	

Peripheres Sehen

Wahrscheinlich hast du nicht erst in diesem Buch vom **peripheren Sehen** gehört. Immer mehr kommt es im allgemeinen Sprachgebrauch oder in den Analysen des Spitzenfußballs vor. Jetzt wollen wir konkret testen, in welche Richtungen du eine starke Wahrnehmung hast und wo dein peripheres Sehen eventuell noch ein paar Defizite aufweist.

Anschließend werden wir wieder alle Richtungen in den Challenges mit verschiedensten Positionen und Bewegungen kombinieren, damit dies nicht nur in einer Ruheposition funktioniert. Trainiere gerne wieder speziell in deinen schwächeren Positionen, wenn du eine Challenge noch nicht bewältigt bekommst.

Equipmentbox: ☑
- Periphere Farben in A3-Format (siehe QR-Code)

Hier geht es zu den Peripherie-Charts

https://download.m-m-sports.com/extras/360_Grad_Fussballer/Periphere_Farben_A3_A4.pdf

Test

Befestige vor dir mittig auf Augenhöhe das Chart fürs periphere Sehen, sodass deine Augen im Stand gerade nach vorne auf das Kreuz in der Mitte schauen können. In einem Abstand von circa 30 Zentimetern stellst du dich in einen aufrechten Stand mit geschlossenen Füßen und hältst den Blick durchgehend auf die Mitte fixiert.

Drucke dir möglichst die große Variante in den Zusatzmaterialien aus. Die Abbildung im Buch reicht von der Größe nicht aus, um dein peripheres Sehen ausreichend zu fordern.

Wähle eine der acht Richtungen aus und nenne von innen nach außen alle Farben, ohne den Blick vom X zu lösen. Anschließend kontrollierst du, wie viele richtig waren. Notiere anschließend die Zahl der von innen aus richtig erkannten Farben bis zum ersten Fehler. Trage die Zahl (maximal fünf) in die unten stehende Tabelle beim beidäugigen Sehen (BIN = binokular = beidäugig) in der jeweiligen Richtung ein.

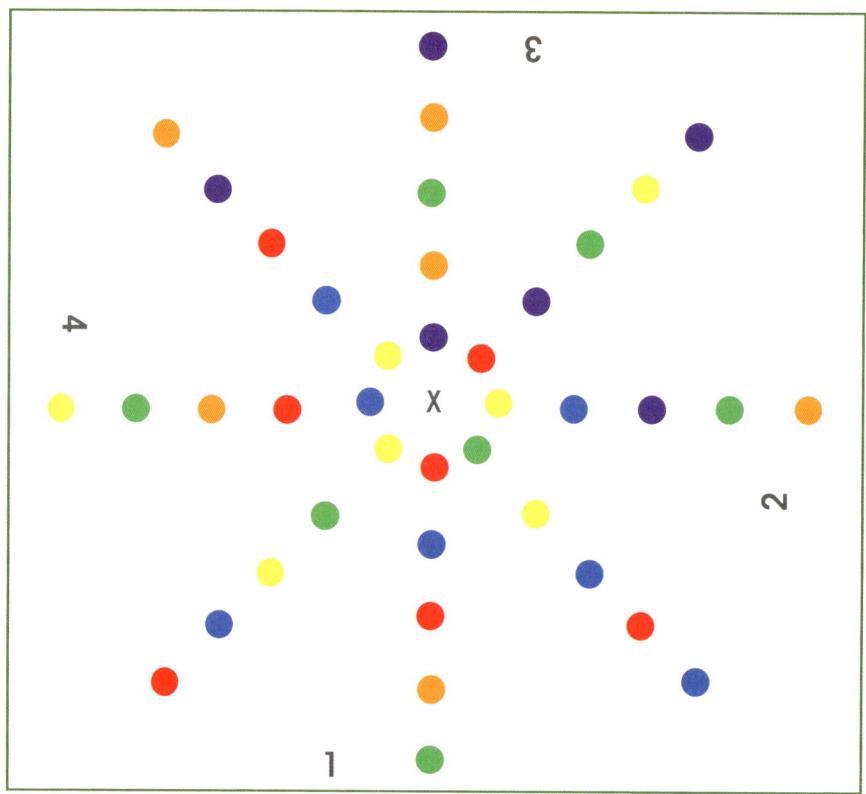

Abb. 71: Periphere Farben

Beispiel: Du nennst die ersten drei Farben richtig, die vierte hast du übersehen und die fünfte erkennst du wieder richtig. Dann trägst du eine „3" in das jeweilige Feld ein, weil du nur bis zur dritten Farbe ALLES erkannt hast.

Wenn dir auffällt, dass du anfängst zu wackeln oder dein Blick in einer Richtung nach außen springt, statt auf dem X zu verweilen, markiere dir diese Richtungen in der unten stehenden Grafik mit einem kleinen Sternchen. Das soll einfach für dich festhalten, dass gewisse Probleme in dieser Richtung aufgetaucht sind.

Abb. 72: Auswertung des peripheren Sehens

Führe diesen Test in alle Richtungen durch und gönne dir die Pausen, die du brauchst. Diese Übungen sind deutlich intensiver, als man denkt.

Anschließend testest du jede Richtung noch einmal einäugig und deckst ein Auge mit einer Augenklappe oder mit einer Hand ab. Achte bei den einäugigen Varianten darauf, dass das jeweilige Auge frontal auf das X blickt und du trotzdem ohne Körper- oder Kopfrotation stehen kannst. Nimm dafür eine andere Ausrichtung des Charts vor, damit du dir nicht merken kannst, welche Farben wo abgebildet sind.

- Mit welchem Auge treten mehr Probleme auf?
- In welchen Richtungen erkennst du die peripheren Farben nicht ideal?
- Markiere beides im Trainingsplan auf Seite 207 in Zeile 11.

Solltest du mit geschlossenen Füßen jede Farbe gesehen haben, starte gerne schon bei Challenge 4. Andernfalls lege bei Challenge 1 los.

Challenge 1

Begib dich in eine sitzende Position. Beide Füße sollen fest am Boden stehen und deine Wirbelsäule sollte lang sein. Dein Blick geht entspannt nach vorne, wo du das Farben-Chart mittig auf Augenhöhe befestigt hast. Halte den Blick mittig auf dem X fixiert und nenne alle Farben einer Linie von innen nach außen. Achte darauf, dass du den Kopf neutral hältst und die Augen nicht nach außen springen.

Du kannst dir mit kleinen Tricks helfen, die Peripherie besser wahrzunehmen. Dein peripheres Sehen wird unter Stress eingeschränkt. Wir bekommen den sogenannten *Tunnelblick*. Darum hilft es dir, zu entspannen und ruhig zu atmen. Eine tiefe Ausatmung trägt vor allem dazu bei.

Weiterhin kannst du mit einer Lampe (z. B. am Handy) auf der Seite, auf der du schlechter die Peripherie erkennst, visuelle Reize setzen, indem du das Licht mit kleinen Bewegungen zu dir hin- und wieder wegdrehst.

Wenn du alle Farben in jeglicher Richtung erkennst und das beidäugig, als auch mit dem linken und mit dem rechten Auge einzeln, begib dich zur nächsten Challenge.

Challenge 2

Wie Challenge 1 → im Stehen mit hüftbreiter Position (alle drei Varianten) durchführen (Abb. 73a).

Abb. 73a-d: Peripherie

Challenge 3

Wie Challenge 2 → mit geschlossenen Füßen durchführen (Abb. 73b)

Challenge 4

Stelle deine Füße auf einer Linie direkt hintereinander und führe alles Weitere, wie in Challenge 2 beschrieben, durch. Du solltest diese Aufgaben einmal mit dem linken und einmal mit dem rechten Fuß vorne bewältigen können (Abb. 73c).

Challenge 5

Führe die gleiche Aufgabe im Gehen durch. Die Bewertung erfolgt wie bisher (Abb. 73d).

Challenge 6

Wie Challenge 5 → im Rückwärtsgehen durchführen

Challenge 7

Befestige das Chart wieder auf Augenhöhe. Diesmal drehst du dich zur Seite, damit du die Zielbereiche über der Schulter anvisieren kannst. Führe die Aufgaben sowohl über die linke als auch über die rechte Schulter durch. Gehe erst zur nächsten Challenge, wenn beide Richtungen sowohl beidäugig als auch mit dem linken und mit dem rechten Auge einzeln funktionieren.

Challenge 8

Wie Challenge 5 → im Vorwärtslaufen durchführen

Challenge 9

Wie Challenge 8 → im Rückwärtslaufen durchführen

NEXT LEVEL

Passe anschließend die Übungen gerne wieder an deine eigenen Bedürfnisse an. Richte beispielsweise den Kopf nach oben (in Richtung eines ankommenden Flugballs) oder nach unten in Richtung eines Balls an deinem Fuß und arbeite am peripheren Sehen in der Gegenrichtung. Oder variiere Geschwindigkeiten und Laufrichtungen, während du dich auf die Peripherie konzentrierst.

Analysiere dafür am besten detailliert deine typischen Spielsituationen und frage dich, wie diese Momente aussehen, in denen du peripher Informationen aufnehmen musst.

Tab. 17: Überblick Visualtraining – peripheres Sehen

Überblick: **Visualtraining – peripheres Sehen**			

Infos zur Ausführung:
- Den Blick auf das X in der Mitte halten und alle äußeren Farben erkennen
- Sowohl beidäugig als auch jeweils mit einem Auge die Challenge bewältigen
- Die Ausrichtung des Charts verändern, um neue Farben in den Positionen zu erhalten

Challenge 1	Sitzende Position	S. 169	☐
Challenge 2	Im hüftbreiten Stand	S. 170	☐
Challenge 3	Im Stand mit geschlossenen Füßen	S. 170	☐
Challenge 4	Im Tandemstand (1 x links, 1 x rechts vorne)	S. 170	☐
Challenge 5	Im Vorwärtsgehen	S. 170	☐
Challenge 6	Im Rückwärtsgehen	S. 170	☐
Challenge 7	Im Stand mit Blick über die Schulter (1 x pro Seite)	S. 171	☐
Challenge 8	Im Vorwärtslaufen	S. 171	☐
Challenge 9	Im Rückwärtslaufen	S. 171	☐
NEXT LEVEL	Variationen mit anderen Richtungen der Augen oder des Kopfs, mit anderen Geschwindigkeiten oder Laufrichtungen		

8.3 BEIDÄUGIGKEIT

Vergenzen

Hierbei handelt es sich um das harmonische Nach-innen-Bewegen der Augen **(Konvergenz)** und um die entgegengesetzte Bewegungsrichtung **(Divergenz)**. Du benötigst diese Fähigkeit im Fußball vor allem in Situationen, in denen sich der Ball in deine Richtung bewegt.

Beim nun folgenden Pencil-Push-up bewegst du einen Vision-Stick oder deinen Daumen von der Ausgangsposition mit gestrecktem Arm in Richtung deiner Nasenwurzel. Ungefähr fünf Zentimeter vor deiner Nasenwurzel wechselst du die Bewegungsrichtung und streckst deinen Arm wieder. Mache 3-5 Wiederholungen dieser Bewegung und halte dabei immer einen Punkt auf dem Ziel fixiert.

Schau dir gerne das Video unter dem QR-Code an, um ein Gefühl für die Ausführung und die Augenbewegungen zu bekommen.

https://download.m-m-sports.com/extras/360_Grad_Fussballer/Pencil_Push_Up.mp4

Um zu sehen, ob du Kompensationsbewegungen einbaust, kann es erneut hilfreich sein, eine Kamera auf deine Augen zu richten, um es später zu analysieren.

Die Geschwindigkeit und deine Standposition werden je nach Schwierigkeitsgrad variiert. Wenn du feststellst, dass du über die komplette Bewegung keine Doppelbilder, sondern durchgehend ein scharfes Bild deines Daumennagels oder des Buchstabens auf dem Vision-Stick wahrnimmst, gehst du zur nächsten Challenge über.

Equipmentbox ☑

- Vision-Stick
- Eventuell Metronom

Challenge 1

Setze dich auf einen Stuhl und stelle die Füße hüftbreit auf den Boden. Achte auf eine lange Wirbelsäule und auf einen geraden Blick nach vorne. Bewege den Vision-Stick mit einer Geschwindigkeit von zwei Sekunden pro Bahn im Wechsel bis circa fünf Zentimeter mittig vor deine Augen. Nutze gerne eine Metronom-App, um eine Hilfe bei der Geschwindigkeit zu erhalten (eine Sekunde = Frequenz von 60, zwei Sekunden = Frequenz von 30).

Achte darauf, dass deine Bewegung exakt in Richtung deiner Nasenwurzel geht und in der Ferne in Richtung eines Punkts, in die deine Körpermitte ausgerichtet ist. Wenn du kein Doppelbild erhältst und den Blick kontinuierlich auf dem Blickziel hältst, kannst du zur nächsten Challenge übergehen.

Challenge 2

Pencil-Push-up im Sitzen mit einer Sekunde pro Bahn ausführen.

Challenge 3

Pencil-Push-up im hüftbreiten Stand mit zwei Sekunden pro Bahn ausführen (Abb. 74a und b).

Challenge 4

Pencil-Push-up im hüftbreiten Stand mit einer Sekunde pro Bahn ausführen.

Challenge 5

Pencil-Push-up im engen Stand mit zwei Sekunden pro Bahn ausführen (Abb. 74c und d).

Challenge 6

Pencil-Push-up im engen Stand mit einer Sekunde pro Bahn ausführen.

Abb. 74a-h: Pencil Push up

Challenge 7

Stelle deine Füße auf einer Linie direkt hintereinander und führe in dieser Position den Pencil-Push-up mit zwei Sekunden pro Bahn aus. Führe diese Aufgabe einmal mit dem linken und einmal mit dem rechten Fuß vorne durch (Abb. 74e und f).

Challenge 8

Pencil-Push-up im Stand mit den Füßen auf einer Linie mit einer Sekunde pro Bahn ausführen. Führe die Übung wieder einmal mit links und einmal mit rechts vorne durch.

NEXT LEVEL

Du kannst natürlich auch diese Übung wieder in jegliche Richtung oder mit verschiedenen Bewegungen durchführen z. B. wie in Abb. 74g und h im Gehen. Da jedoch auch im nächsten Kapitel beim Brock-String Konvergenz und Divergenz stark gefordert werden, kannst du lieber die Arbeit mit diesen Challenges intensivieren.

Tab. 18: Überblick Visualtraining – Vergenzen

Überblick: Visualtraining – Vergenzen		
Infos zur Ausführung: ▪ Das Blickziel zur Nasenwurzel und wieder davon wegbewegen ▪ Auf eine gerade Ausrichtung des Kopfes achten ▪ Zur nächsten Challenge gehen, wenn durchgehend ein klares Bild ohne Doppelbilder zu erkennen ist		
Challenge 1	Sitzende Position, zwei Sekunden pro Bahn	S. 174 ☐
Challenge 2	Sitzende Position, eine Sekunde pro Bahn	S. 174 ☐
Challenge 3	Hüftbreiter Stand, zwei Sekunden pro Bahn	S. 174 ☐
Challenge 4	Hüftbreiter Stand, eine Sekunde pro Bahn	S. 174 ☐
Challenge 5	Enger Stand, zwei Sekunden pro Bahn	S. 174 ☐
Challenge 6	Enger Stand, eine Sekunde pro Bahn	S. 174 ☐
Challenge 7	Im Tandemstand (1 x links, 1 x rechts vorne), zwei Sekunden pro Bahn	S. 175 ☐
Challenge 8	Im Tandemstand (1 x links, 1 x rechts vorne), eine Sekunde pro Bahn	S. 176 ☐
NEXT LEVEL	Variationen mit anderen Richtungen der Augen oder des Kopfs, mit anderen Geschwindigkeiten oder Laufrichtungen	

Probleme beim Konvergieren

Wenn du große Probleme hast, deine Augen gemeinsam auf einen nahen Punkt zu fixieren, solltest du es in Betracht ziehen, einen Visualtrainer aufzusuchen, um professionelle Unterstützung dabei zu bekommen, diese Defizite zu bearbeiten. Teilweise können Gehirnerschütterungen dafür sorgen, dass die Konvergenz schwer möglich ist. Es kann jedoch auch zahlreiche andere Ursachen haben.

Wenn du also nicht bis fünf Zentimeter vor deine Augen konvergieren kannst, sondern schon weiter entfernt Doppelbilder wahrnimmst, solltest du in diesem Fall einen Spezialisten aufsuchen, wenn du nicht weiterkommst. Denn dieses Defizit kann deine sportliche Leistung im Fußball extrem negativ beeinflussen Unter dem QR-Code (auf Seite 204) findest du einen Experten in deiner Nähe.

Binokulares Sehen

Das dreidimensionale Sehen ist eine der wichtigsten visuellen Fähigkeiten in Ballsportarten. Nur wenn du das draufhast, kannst du die Distanzen von Ball, Mit- und Gegenspielern gut wahrnehmen und hast die Basis für ein ideales Timing für Laufwege oder deine Balltechnik. Die Basis, um diese Tiefenwahrnehmung zu erhalten, ist ein gutes **binokulares** – also beidäugiges – **Sehen**. Deine Augen müssen also gut koordiniert ein Zielobjekt anvisieren können. Dies können wir mit dem Brock-String in unterschiedlichsten Distanzen und Richtungen testen und trainieren.

Equipmentbox

- Brock-String
- Alternativ 2D-Brock-String ausgedruckt
- Halterung am Ende der Schnur auf Augenhöhe

> **Hier geht es zum 2D-Brock-String**

https://download.m-m-sports.com/extras/ 360_Grad_Fussballer/2D_Brock_String.pdf

Test der neutralen Ausrichtung

Befestige den Brock-String an einer Halterung, die sich leicht unter Augenhöhe befindet und schiebe eine der Kugeln bis einen Zentimeter vor das Ende, was du dir anschließend an die Nase hältst. Richte deinen Stand nun gerade zur Halterung des Brock-Strings aus und halte die Schnur mit Daumen und Zeigefinger an die Nasenspitze (siehe oberes Bild).

Die Finger sollen deinen Blick auf die verschiedenen Kugeln keinesfalls beeinträchtigen. Achte zudem darauf, die Nasenspitze nicht zur Seite zu schieben und halte dich und deine Wirbelsäule möglichst lang und aufrecht.

Abb. 75a-c: Brock-String-Test

Um zu testen, ob du dich, deinen Kopf und deine Augen neutral ausrichten kannst, schließt du gleich abwechselnd jeweils ein Auge. Schließe das linke Auge und betrachte den Abstand zwischen deiner Nase und der ersten Kugel. Anschließend machst du das Gleiche mit geschlossenem rechten Auge.

- Auf welcher Seite ist der Abstand größer?

Trage das Ergebnis als >, < oder = in die unten stehende Zeile ein.

Hinweis: Wenn die Kugel hinter der Nase „verschwindet", gilt das als ein geringer Abstand.

Abstand Nase-Kugel beim		Abstand Nase-Kugel beim
Blick mit dem linken Auge	_____	Blick mit dem rechten Auge

Ist der Abstand bei dem Bild von einem Auge geringer, zeigt dir das, dass du deine Position von Kopf oder Körper dahin gehend anpasst, dass ein Auge den Hauptjob übernimmt. Das bedeutet, dass ein sogenannter *Midline Shift* vorliegt. Dieser kann aber auch z. B. durch eine Problematik an der HWS entstehen. Häufig schiebt man dabei das dominante Auge vor.

Dieses Kompensationsverhalten von Körper- oder Kopfdrehung legst du höchstwahrscheinlich auch auf dem Platz an den Tag. Demzufolge arbeiten in der Praxis deine Augen selten „gleichberechtigt" miteinander und durch dein Wegdrehen wirst du zudem dein Blickfeld verändern und auf der einen Seite die Informationen nur eingeschränkt wahrnehmen können.

Wenn du beispielsweise den Kopf intuitiv leicht nach links drehst, wirst du die Dinge rechts neben dir schlechter wahrnehmen. Darunter leidet letztendlich natürlich wieder die Qualität und Geschwindigkeit deiner Handlungen auf dem Feld, weil weniger Informationen vorhanden sind.

Aus diesen Gründen ist es wichtig, bei den folgenden Tests und Übungen auf die saubere Ausrichtung des Kopfs und deiner Augen zu achten. Solltest du große Schwierigkeiten haben, diesen Abstand zu neutralisieren, probiere diese Haltung gerne vor einem Spiegel aus und achte auf eine mittige Position des Kopfs und der Schnur.

Tests der verschiedenen Distanzen

Du kannst folgende Tests auch gerne abgewandelt mit dem ausgedruckten 2D-Brock-String (QR-Code auf S. 177) auf einer festen Unterlage (Pappe oder Buch) vor deinen Augen durchführen. Jedoch können wir somit nur auf kurzen Distanzen arbeiten und ein „3D-Brock-String" ist auch nicht sonderlich kostenintensiv.

Abb. 76a/b: Brock-String-Test, neutral

Nimm dir den Brock-String und befestige ihn mit möglichst langer Schnur an einem Gegenstand leicht unter Augenhöhe. Richte deinen Stand mit geschlossenen Füßen in diese Richtung aus. Schiebe die Kugeln auf circa 10 Zentimeter, 30 Zentimeter, 50 Zentimeter und 100 Zentimeter Abstand zum losen Schnurende.

Dieses Ende hältst du, wie in Abb. 76 zu sehen ist, an deine Nase und richtest den Brock-String so aus, dass du mit langer Wirbelsäule stehst und den Blick nach vorne leicht unter Augenhöhe richten kannst, wenn du auf die Schnur schaust. Die Schnur sollte dabei möglichst straff gehalten werden.

Schaue in der beschriebenen Ausgangsposition auf die dritte Kugel (50 Zentimeter) und halte sie mit den Augen fixiert.

- Wie viele Schnüre siehst du in die Kugel hineingehen, wie viele siehst du herausgehen?

Notiere bitte die Anzahl.

Schnüre rein/raus   ___ /___

- Siehst du die Verbindung bzw. Kreuzung der Schnüre vor, in oder hinter der
Kugel?

Kreuze bitte die Position an, in der du das wahrnimmst.

X vor/in/hinter der Kugel ___ O ___

- Ist eine Schnur blasser als die andere? Wenn ja, welche? _____

Im Idealfall siehst du ein X, bei dem zwei Schnüre in die Kugel „hineingehen" und
zwei „herauskommen". Wenn du beide Schnüre deutlich siehst und die Kreuzung in
der Kugel zu sehen ist, hast du keinerlei Defizite in der neutralen Richtung. Achte
dabei jedoch immer darauf, dass du bei jeder Variante den Kopf und die Schnur
gerade und in neutraler Position hältst.

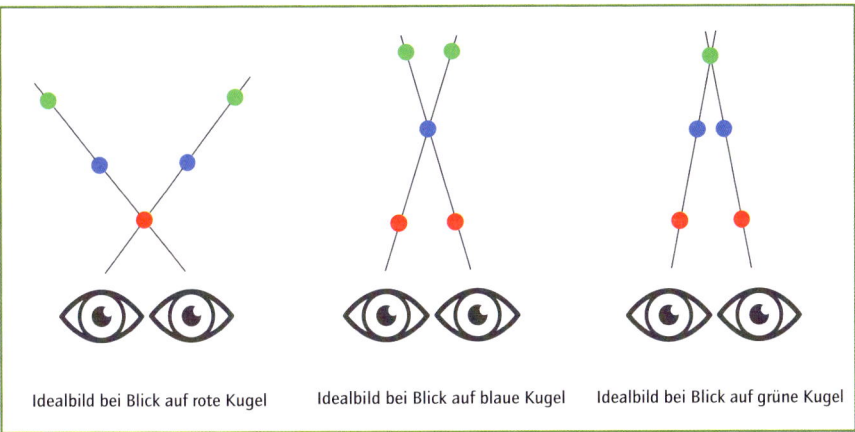

Idealbild bei Blick auf rote Kugel   Idealbild bei Blick auf blaue Kugel   Idealbild bei Blick auf grüne Kugel

Abb. 77: Idealbild beim Brock-String-Test

Es kann jedoch auch passieren, dass du nur eine Schnur siehst oder die zweite sehr blass und unklar ist. Hier spricht man von einer sogenannten *Suppression* oder auch *Teilsuppression*. Das Ziel ist es jedoch, immer zwei klare Schnüre zu sehen mit der Kreuzung in der Mitte der Kugel.

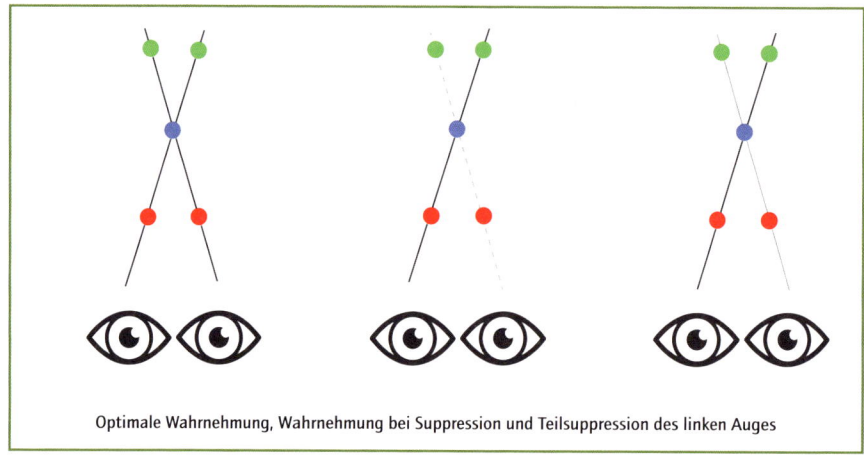

Optimale Wahrnehmung, Wahrnehmung bei Suppression und Teilsuppression des linken Auges

Abb. 78: Fehlerbild beim Brock-String-Test

Mit 50 Zentimetern haben wir jetzt eine mittlere Distanz getestet. Schiebe die Kugeln auf die in der Tabelle stehenden Entfernungen, um auszutesten, wie sich dieses 3D-Sehen in den verschiedenen Distanzen gestaltet. Wir wollen damit feststellen, ob deine Beidäugigkeit in jeglicher Entfernung optimal funktioniert.

Tab. 19: Unterschiedliche Distanzen beim Brock-String-Test

Distanz	Anzahl Schnüre rein/raus	Verbindung/Kreuzung der Schnüre vor, in oder hinter der Kugel	Eine Schnur blasser?
10 cm	/	_ O _	Nein_ L _/ R _
30 cm	/	_ O _	Nein_ L _/ R _
50 cm	/	_ O _	Nein_ L _/ R _
100 cm	/	_ O _	Nein_ L _/ R _
150 cm	/	_ O _	Nein_ L _/ R _
200 cm	/	_ O _	Nein_ L _/ R _

- Liegt dein X, welches du NICHT in der Kugel siehst, tendenziell eher vor oder hinter der Kugel?

☐ Vor der Kugel ☐ Hinter der Kugel

- In welchen Bereichen stellst du Defizite fest?

☐ Kurze Distanzen ☐ Mittlere Distanzen

☐ Ferne Distanzen ☐ Keine Probleme

Um vor allem jene Distanzen zu trainieren, bei denen du Schwierigkeiten hast, wollen wir jetzt noch die passenden Rahmenbedingungen für dein Training festlegen. Dazu musst du mit verschiedenen Distanzen der Kugeln experimentieren, um den relevanten Bereich zu finden.

Hast du in nahen Distanzen Schwierigkeiten, wird deine letzte Kugel im Trainingsbereich diejenige sein, bei der du bei der kürzestmöglichen Distanz das Idealbild siehst. Die erste Kugel für deinen Trainingsplan ist dann so nah wie möglich an deiner Nase, also circa fünf Zentimeter entfernt. Trage diese Distanz in den Trainingsplan auf Seite 207 in Zeile 13 ein.

Bei Problemen in größeren Distanzen läuft es genau umgekehrt. Die letzte Kugel packst du auf die maximale Entfernung. Achte dabei jedoch darauf, dass hinter der Kugel noch ausreichend Schnur zu sehen ist. Die erste Kugel schiebst du zum Trainieren auf die entfernteste Position, in der du noch das Idealbild siehst.

Kombiniere bei Problemen in der mittleren Distanz diese beiden Vorgaben, sodass jeweils die erste und die letzte Kugel in Positionen sind, wo du klar das X in der Kugel sehen kannst und deine Problemzonen in der Mitte liegen. Trage auch in diesem Fall diese Distanzen in den Trainingsplan ein.

Wichtig ist: Zum Bewältigen der Challenges soll jegliche Distanz der Kugeln ein klares Bild liefern. Die besprochenen Kugelpositionen sollen dir nur helfen, den Bereich zu trainieren, in dem du die größten Schwierigkeiten hast.

Test der verschiedenen Richtungen

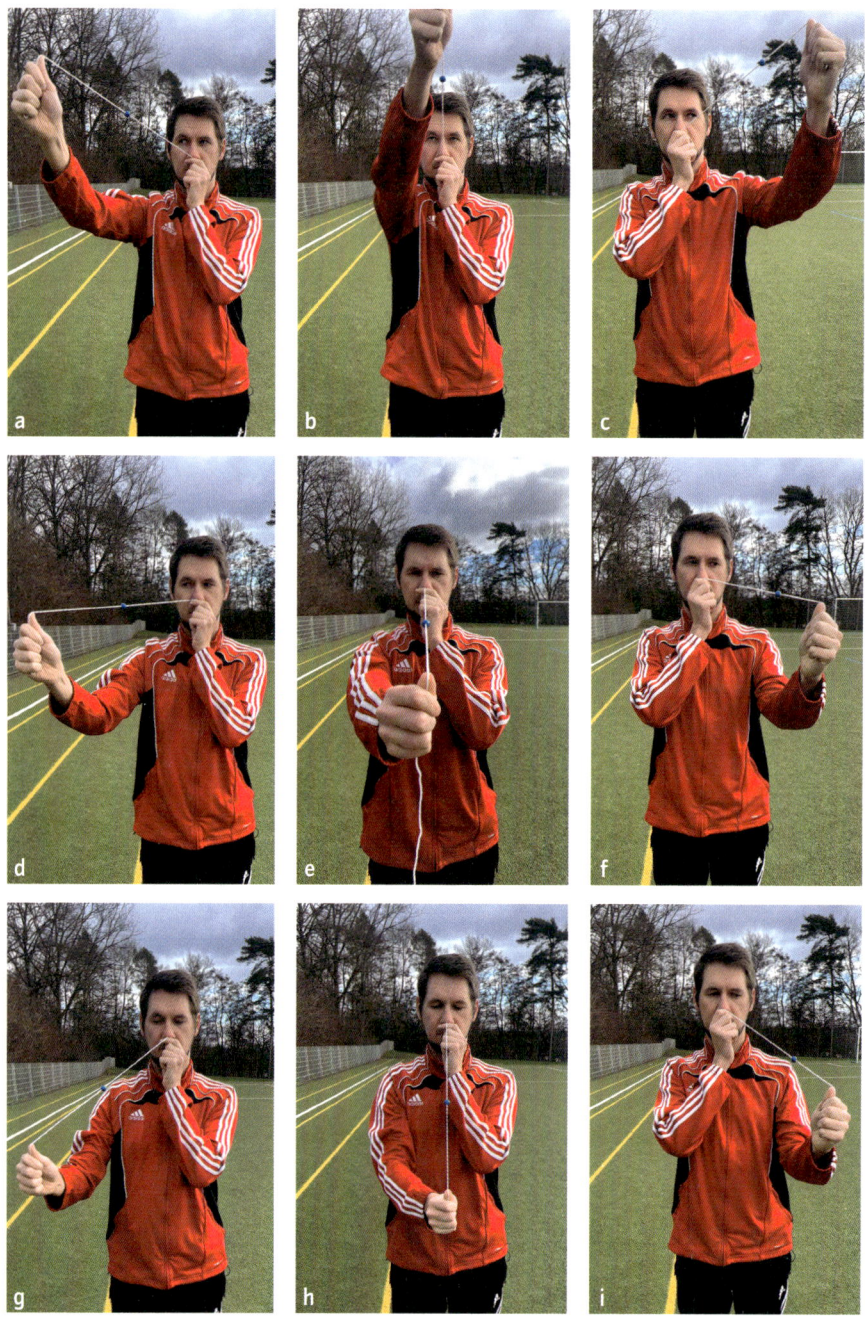

Abb. 79a-i: Brock-String-Test in verschiedene Richtungen

Dein beidäugiges Sehen wollen wir jedoch nicht nur in verschiedenen Distanzen testen, sondern auch in allen Richtungen – also innerhalb von 360 Grad deines Blickfelds.

Wir starten in der Basisvariante mit einer mittleren Distanz von 30-50 Zentimetern, um zunächst einfach nur den Unterschied der Blickrichtungen herauszufiltern. In den Challenges wirst du später in jeder Richtung an allen Distanzen arbeiten können.

Gehe wieder in die Ausgangsposition mit geschlossenen Füßen und halte deine Wirbelsäule lang und den Kopf nach vorne ausgerichtet. Halte für den Test zur linken Seite mit der rechten Hand den Brock-String an die Nase und das andere Ende in der linken Hand fest. Halte die Schnur straff und bewege sie leicht unter Augenhöhe mit der linken Hand so weit wie möglich nach links (siehe Abb. 79f), sodass du noch mit beiden Augen die Schnur erkennen kannst.

Wenn du dir nicht sicher bist, schließe abwechselnd je ein Auge. Ganz entscheidend ist dabei, dass dein Kopf gerade nach vorne ausgerichtet bleibt und sich nur deine Augen auf die linke Seite bewegen.

Trage wie schon in der neutralen Position in die folgende Abb. 80 ein, was du siehst.

- Wie viele Schnüre siehst du von dir aus in die Kugel hinein-, wie viele siehst du auf der anderen Seite herausgehen?

- Siehst du die Kreuzung oder die Verbindung der Schnüre in, vor oder hinter der Kugel?

- Siehst du eine Schnur deutlich blasser?

Wenn ja, kreuze L für den Fall an, dass du die linke Schnur blasser siehst. Falls du beide deutlich erkennst, kreuze nichts in dieser Richtung an.

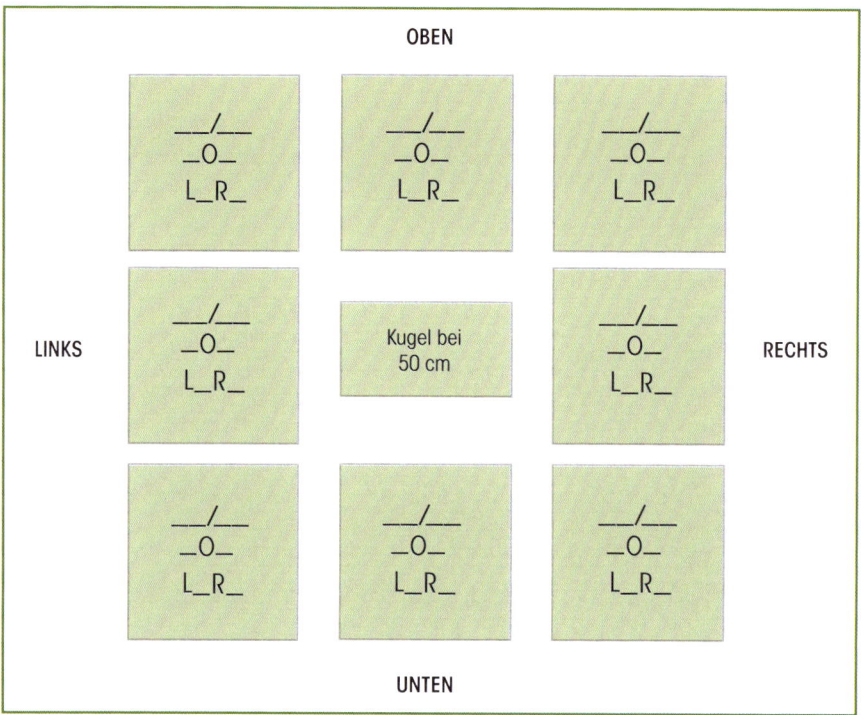

Abb. 80: Brock-String – Test in verschiedene Richtungen

Auf diese Weise testest du links, rechts, oben, unten und alle vier diagonalen Richtungen, um letztendlich ein klares Bild davon zu bekommen, in welche Richtungen deine Augen ein gutes binokulares Sehen aufweisen. Markiere auch die Richtungen, die dir besonders schwerfallen, im Trainingsplan auf Seite 207.

Optimierung des Brock-String-Bilds

Solltest du keine zwei Schnüre erkennen können oder eine Schnur deutlich blasser sein als die andere, hast du verschiedene Optionen, dieses Problem schon kurzfristig zu beheben. Auch wenn du das X nicht klar in der Kugel erkennen kannst, sind diese Herangehensweisen hilfreich. Sie können dir auch später helfen, die Challenges zu meistern.

Blinzeln

Blinzle mehrfach, um deine Augen dadurch zu einer Neufokussierung auf die Kugel zu zwingen.

Atmung

Fokussiere dich auf eine tiefe Atmung. Atme lang und verstärkt ein, wenn du das X hinter der Kugel siehst. Fokussiere dich mehr auf eine lange Ausatmung, wenn das X vor der Kugel erscheint.

Vibrieren

Schnippe an der Schnur bzw. an der Kugel, um sie zum Vibrieren zu bringen. Deine Augen sind gezwungen, sich neu auszurichten und möglicherweise hast du nun ein klareres Bild als vorher. Solltest du große Probleme bei den visuellen Tests haben, ist dies jedoch wegen möglicher Übelkeit nicht zu empfehlen.

Licht

Nutze eine Handylampe oder Ähnliches, um die Kugel, welche du anvisierst, optisch hervorzuheben.

Antippen

Berühre die Kugel, um durch die Informationen der Muskelrezeptoren deines Arms und der Finger deinem Gehirn klarer mitzuteilen, auf welche Distanz sich deine Augen einstellen sollen.

Alles das kann dir bei den Distanzen oder Richtungen helfen, bei denen du kein Idealbild erhältst – wenn also beispielsweise eine Schnur blass ist oder das X nicht in der Kugel. Solltest du trotz dieser Hinweise schon in neutraler Position weit entfernt liegen vom Idealbild, empfehle ich, einen Visualtrainer zur persönlichen Beratung und Unterstützung aufzusuchen. Informationen dazu findest du unter dem QR-Code auf Seite 204.

Nutze diese Optimierungstipps, um die verschiedenen Challenges zu bewältigen. Du solltest jedoch zu Beginn der nächsten Trainingseinheit immer testen, ob die zuletzt bewältigte Challenge auch ohne diese Hilfen zu schaffen ist und dadurch das Training auch nachhaltig gewirkt hat.

Wie bei den anderen Bereichen des Visualtrainings solltest du täglich mit dem Brock-String trainieren. Nutze dafür die getesteten Distanzen und arbeite bei einer soliden Neutralposition auch in den markierten Richtungen. Diese Distanzen kannst du natürlich nach und nach auf deine kritischen Bereiche und Richtungen anpassen, um vor allem an deinen Schwachstellen zu arbeiten.

Wenn trotz des täglichen Trainings und der Korrekturen mehrere Tage kein weiterer Fortschritt zu erkennen ist, nutze gern noch zusätzlich die Neurobooster, die in Kap. 8.5 (S. 197ff.) zu finden sind.

Challenge 1

Erreiche in der neutralen Position bei 30-50 Zentimetern ein ideales beidäugiges Bild des Brock-Strings. Stehe dabei mit geschlossenen Füßen und mit einer langen Wirbelsäule.

Voraussetzungen für den Übergang zur nächsten Challenge:

- Zwei Schnüre sind klar und deutlich zu erkennen.
- Die Kreuzung der Schnüre ist IN der Kugel zu erkennen.

Challenge 2

Erreiche in jeder Distanz (10-200 Zentimeter) der neutralen Richtung ein Idealbild des Brock-Strings.

Challenge 3

Das Idealbild mit Blick nach links erreichen, alle Distanzen (10-200 Zentimeter)

Challenge 4

Das Idealbild mit Blick nach rechts erreichen, alle Distanzen (10-200 Zentimeter)

Challenge 5

Das Idealbild mit Blick nach oben erreichen, alle Distanzen (10-200 Zentimeter)

Challenge 6

Das Idealbild mit Blick nach unten erreichen, alle Distanzen (10-200 Zentimeter)

Challenge 7

Das Idealbild mit Blick nach oben links erreichen, alle Distanzen (10-200 Zentimeter)

Challenge 8

Das Idealbild mit Blick nach oben rechts erreichen, alle Distanzen (10-200 Zentimeter)

Challenge 9

Das Idealbild mit Blick nach unten links erreichen, alle Distanzen (10-200 Zentimeter)

Challenge 10

Das Idealbild mit Blick nach unten rechts erreichen, alle Distanzen (10-200 Zentimeter)

Challenge 11

Nimm ein Ende des Brock-Strings an die Nase und halte das andere in der anderen Hand. Stehe mit geschlossenen Füßen und schiebe eine Kugel in eine mittlere Distanz bei circa 30-50 Zentimetern. Nun bewege die Schnur durch deine ferne Hand in der Form einer quer liegenden Acht (siehe Abb. 81). Halte den Kopf dabei gerade und halte den Blick durchgehend auf der Kugel.

Du solltest in jeder Position ein klares X in der Kugel und zwei deutliche Schnüre erkennen. Falls nicht, nutze die Hinweise aus diesem Kapitel oder die Neurobooster.

Wenn du eine durchgehende „liegende Acht" am Stück pro Richtung schaffst, kannst du zur nächsten Challenge übergehen.

Abb. 81: Brock-String – liegende Acht

Challenge 12

Nutze den Brock-String wieder in neutraler Position und sieh auf eine Kugel bei einer Distanz von 30-50 Zentimetern. Wenn du 10 Meter gehen kannst, ohne das ideale Bild zu verlieren, gehe zur nächsten Challenge. Falls nicht, nutze die bekannten Hilfen.

Challenge 13

Wie Challenge 12 → im Rückwärtsgehen durchführen

Hinweis

Achte bei Varianten mit Rückwärtslaufen darauf, dass du ausreichend Platz hast und nirgendwo hinter dir eine Verletzungsgefahr besteht!

Challenge 14

Wie Challenge 12 → im Laufen durchführen

Challenge 15

Wie Challenge 14 → im Rückwärtslaufen durchführen

Challenge 16

Gehe, wie in Challenge 12, aber nutze nun vier Kugeln, die du über die Distanz von circa 10 Zentimetern bis kurz vor dem Schnurende verteilst. Wechsle zwischen den Kugeln beim Gehen, ohne den Fokus zu verlieren. Erhältst du beim durchgehenden Bewegen in jeder Kugel ein Idealbild, gehst du zur nächsten Stufe über.

Challenge 17

Wie Challenge 16 → im Rückwärtsgehen durchführen

Challenge 18

Wie Challenge 16 → im Laufen durchführen

Challenge 19

Wie Challenge 18 → im Rückwärtslaufen durchführen

Challenges 20-23

Wir kombinieren nun die „Acht" aus Challenge 11 mit den Bewegungen der Challenges 12-15. Nutze nun wieder eine einzelne Kugel in einer neutralen Position von 30-50 Zentimeter Abstand zu deiner Nase.

Du erreichst dann das nächste Level, wenn du dich durch die „Acht" in beide Richtungen mit Idealbild der Schnüre durchbewegen kannst, während du dich wie in den vorangegangenen Challenges fortbewegst.

Challenge 24

Wir kombinieren nun das beidäugige Sehen mit dem Brock-String mit anderen visuellen Aufgaben. Wir starten dabei mit dem peripheren Sehen mithilfe des Farben-Tools.

Fixiere den Brock-String in neutraler Position in der Ferne auf Augenhöhe und verteile die Kugeln über die verschiedenen Distanzen zwischen 10 Zentimeter und 200 Zentimeter. Das Farben-Tool mit der Fünf-Sekunden-Variante positionierst du links neben dir auf Schnurhöhe, sodass dein Blick aufs Farben-Tool und die Schnur zu deiner Nase circa einen 45-Grad-Winkel darstellen.

Schaffe es circa 30 Sekunden lang, jede aufleuchtende Farbe zu erkennen und anzusagen, während du mit deinen Blicken immer wieder von einer Kugel zur anderen springst. Ob du das von nah zu fern oder andersher-

Abb. 82: Brock-String und peripheres Sehen

um machst, überlasse ich dir. Aber springe erst dann zur nächsten Kugel, wenn du das Idealbild mit dem X in der Kugel und zwei deutliche Schnüre erkennst.

Entscheidend ist, dass du den Blick auf den Kugeln hältst und dich nicht von den peripheren Signalen dazu verleiten lässt, auf das Farben-Tool zu schauen.

Diese Variante sollte dir jedoch nicht nur mit dem Tool auf der linken Seite gelingen, sondern auch, wenn das Tool auf der rechten Seite steht und zudem, wenn es sich unter der Schnur befindet.

Du solltest alle drei Richtungen bewältigen können, bevor du zur nächsten Challenge übergehst.

Challenge 25

Wie Challenge 24

⇨ Blick auf den Brock-String nach rechts, das Tool ist rechts daneben

⇨ Blick auf den Brock-String nach links, das Tool ist links daneben

Abb. 83: Brock-String und peripheres Sehen außen

Challenge 26

Wie Challenge 24

⇨ Blick auf den Brock-String nach unten, das Tool ist oben drüber (mindestens in Hüfthöhe)

⇨ Blick auf den Brock-String nach unten links, das Tool ist oben drüber

⇨ Blick auf den Brock-String nach unten rechts, das Tool ist oben drüber

Challenge 27

Wie Challenge 24

⇨ Blick auf den Brock-String nach oben, das Tool ist unten drunter (ungefähr in Hüfthöhe)

⇨ Blick auf den Brock-String nach oben links, das Tool ist unten drunter

⇨ Blick auf den Brock-String nach oben rechts, das Tool ist unten drunter

Challenges 28-31

Wie Challenges 24-27

⇨ Die Farbe zeigt dir an, auf welche Kugel du dich als Nächstes fokussieren sollst (der Blick bleibt auf dem Brock-String).

Challenges 32-35

Wie Challenges 24-27

⇨ Mit Blicksprüngen: Fixiere, ohne den Kopf zu bewegen, das Tool mit deinen Augen, wenn eine neue Farbe aufleuchtet und direkt im Anschluss die passende Kugel (so lange, bis die nächste Farbe angezeigt wird).

⇨ Gehe nur zur nächsten Challenge, wenn du immer rechtzeitig das Idealbild beim Blick auf die Kugel gesehen hast (immer noch mit dem Fünf-Sekunden-Tool).

Challenges 36-39

Wie Challenges 32-35

⇨ Nimm die neue Farbe peripher wahr, nenne sie und setze die Aufgabe erst dann wie in den vorherigen Challenges fort (Blicksprung auf das Tool, Blicksprung auf die farbig passende Kugel).

Challenges 40-55

Wie Challenges 24-39 → mit dem Vier-Sekunden-Tool durchführen

Challenges 56-71

Wie Challenges 24-39 → mit dem Drei-Sekunden-Tool durchführen

Challenges 72-87

Wie Challenges 24-39 → mit dem Zwei-Sekunden-Tool durchführen

Challenges 88-103

Wie Challenges 24-39 → mit dem Ein-Sekunden-Tool durchführen

NEXT LEVEL

Solltest du nach 103 Challenges tatsächlich immer noch Lust haben, weiter mit dem Brock-String zu arbeiten, kannst du dich natürlich auch hier wieder kreativ austoben. Ich gebe dir gerne dazu ein paar Anregungen.

Beispielsweise kannst du zwei Brock-Strings in verschiedenen Richtungen befestigen und zwischen den Kugeln der beiden Schnüre hin- und herspringen. Du kannst einen Schulterblick machen und in diese Richtung dein beidäugiges Sehen fordern, sodass deine Halswirbelsäule einen zusätzlichen Impuls bekommt.

Du kannst zwischen dieser Position und dem Blick nach unten auf einen Ball wechseln oder beide Richtungen mit Brock-Strings nutzen. Teste dich gerne über jegliche Distanz aus und nutze alle Richtungen.

Neben den verschiedenen Positionen der Augen kannst du auch verschiedene Kopfausrichtungen testen, während du die Augen neutral hältst. Probiere dich aus und verbinde das alles gern auch wieder mit Bewegungen.

Bist du beispielsweise Torwart, kannst du auch den Brock-String nach oben in Richtung eines hohen Balls halten und eine Sprungbewegung simulieren, um herauszufinden, ob du eine gute Beidäugigkeit hast, wenn du mit Anlauf hochsteigst, um eine Flanke abzufangen. Ist das nicht der Fall, wirst du diese Bälle wahrscheinlich nicht immer festhalten können.

Tab. 20: Überblick Visualtraining – binokulares Sehen

Überblick: Visualtraining – binokulares Sehen		
Infos zur Ausführung:		
■ Schaue auf den Brock-String und achte auf ein optimales Bild		
■ Nutze die Korrekturmöglichkeiten oder die Neurobooster, um dein Bild zu verbessern		
■ Halte den Kopf neutral und gehe nur mit den Augen in die jeweilige Richtung		
Challenge 1	Ideales beidäugiges Bild in neutraler Position bei einer Kugel in 30-50 Zentimeter Abstand zur Nase, enger Stand	S. 188 ☐
Challenge 2	Idealbild in jeder Distanz (10-200 Zentimeter)	S. 188 ☐
Challenge 3	Idealbild mit Blick nach links, alle Distanzen	S. 188 ☐
Challenge 4	Idealbild mit Blick nach rechts, alle Distanzen	S. 188 ☐
Challenge 5	Idealbild mit Blick nach oben, alle Distanzen	S. 188 ☐
Challenge 6	Idealbild mit Blick nach unten, alle Distanzen	S. 188 ☐
Challenge 7	Idealbild mit Blick nach oben links, alle Distanzen	S. 189 ☐
Challenge 8	Idealbild mit Blick nach oben rechts, alle Distanzen	S. 189 ☐
Challenge 9	Idealbild mit Blick nach unten links, alle Distanzen	S. 189 ☐
Challenge 10	Idealbild mit Blick nach unten rechts, alle Distanzen	S. 189 ☐
Challenge 11	Idealbild in jeder Richtung, liegende Acht bei 30-50 Zentimeter	S. 189 ☐
Challenge 12	Idealbild beim Gehen (10 Meter) in neutraler Position	S. 190 ☐
Challenge 13	Idealbild beim Rückwärtsgehen (10 Meter) in neutraler Position	S. 190 ☐
Challenge 14	Idealbild beim Laufen (10 Meter) in neutraler Position	S. 190 ☐
Challenge 15	Idealbild beim Rückwärtslaufen (10 Meter) in neutraler Position	S. 190 ☐
Challenge 16	Idealbild mit Blickwechsel auf verschiedene Kugeln beim Vorwärtsgehen	S. 190 ☐

8.4 AKKOMMODATION

Die **Akkommodation** ist das „Scharfstellen" der Augen über verschiedene Distanzen. Im Training mit dem Brock-String ist auch die Akkommodation stark gefordert. Darum halten wir dieses Kapitel etwas kürzer.

Equipmentbox ☑

- Bewegliches visuelles Ziel (Daumen, Vision-Stick, Kuli)
- Fernes Blickziel (mindestens sechs Meter Entfernung, gerne mehr)
- Lineal/Maßband
- Stoppuhr

Test des Nahpunkts

Nimm bitte eine neutrale Ausgangsposition mit einem stabilen Stand ein und decke mit der Augenklappe oder deiner Hand ein Auge ab. Halte im Idealfall den Vision-Stick mittig extrem nah vor das offene Auge. Du musst dabei so nah dran sein, dass du kein scharfes Bild des Buchstabens auf dem Vision-Stick wahrnehmen kannst. Nun entferne dein Blickziel langsam so weit vom Auge, bis du den Buchstaben auf dem Vision-Stick oder dein anderes Ziel scharf siehst. Diese Distanz ist dein **Akkommodationsnahpunkt**.

Akkommodationsnahpunkt rechtes Auge: _____ cm

Akkommodationsnahpunkt linkes Auge: _____ cm

Dieser Punkt unterscheidet sich altersbedingt stark. Im typischen Fußballalter zwischen fünf und 35 Jahren sollte er sich zwischen 10 Zentimeter und 15 Zentimeter befinden. Ist er bei dir deutlich näher oder ferner, kann eine Fehlsichtigkeit vorliegen. Mache in diesem Fall möglichst zeitnah einen Sehtest.

Test der Akkommodationsgeschwindigkeit

Die Geschwindigkeit dieser visuellen Fähigkeit werden wir nicht objektiv bewerten, da eine konkrete Messung schwierig ist und die Auswirkungen auf dein Spiel auch nicht eindeutig sind. Ein Vergleich der beiden Augen macht jedoch durchaus Sinn, um klare Seitenunterschiede festzustellen und diese durch Training zu minimieren.

Gehe bitte in eine stabile Standposition und suche dir eine Position, in der du auf Augenhöhe einen Punkt in mindestens sechs Metern Entfernung anvisieren kannst. Schließe mit der Augenklappe oder deiner Hand ein Auge und halte den Stick in circa 10 Zentimetern Entfernung vor das andere Auge. Schaue dabei in Richtung des fernen Ziels, sodass du anschließend möglichst keine Blicksprünge einbauen musst.

Nun wechsle mit deinem Auge 10-mal zwischen Fokus auf den fernen und Fokus auf den nahen Blickpunkt. Wechsle immer erst dann das Ziel, wenn du wahrnimmst, dass dein Auge scharf gestellt ist. Stoppe dabei die Zeit und notiere die Sekundenanzahl. Anschließend testest du das andere Auge.

Linkes Auge: _____ s   Rechtes Auge: _____ s

Solltest du einen großen Unterschied zwischen beiden Augen getestet haben oder du merkst vielleicht sogar schon bei der Durchführung eine große Differenz, dann übe genau das mit deinem schwächeren Auge vermehrt. Notiere dir das im Trainingsplan in Zeile 14 auf S. 207.

Schließe eine Übungssequenz immer mit einem beidäugigen Durchgang ab, da in der Praxis deine Augen immer zusammenarbeiten müssen.

8.5 NEUROBOOSTER

Jetzt habe ich das Wort schon ein paar Mal einfach in den Raum geworfen und wahrscheinlich hast du noch keinerlei Vorstellung davon, wovon ich eigentlich rede. Dann komme ich jetzt zum Punkt.

Es handelt sich dabei um gewisse durchaus kuriose Übungen, die mit der passenden Auswahl deine visuellen Fähigkeiten von einer Minute auf die andere deutlich verbessern können. Dieser Booster bei den visuellen Übungen wird nicht dauerhaft bestehen bleiben. Du musst weiterhin in den jeweiligen Bereichen visuell trainieren, um langfristige Effekte zu erzielen.

Die passenden Neurobooster können dir dennoch helfen, die für dich schwierigen Challenges erstmalig zu bewältigen und auch vor dem Training oder einem Spiel können sie dazu beitragen, dass dein Sehen (und auch andere Fähigkeiten) für die nächsten Minuten besser funktioniert.

Den Begriff habe ich so gewählt, da ich erstmalig beim Neuro-Athletik-Training auf diese Übungen gestoßen bin und da die Reaktion, die dein Körper darauf zeigt, auf dein Nervensystem zurückzuführen ist.

Bei der Arbeit mit einigen Fußballern ist mir dabei aufgefallen, dass häufig 2-3 dieser ausgewählten Übungen nach kurzer Durchführung die visuellen Fähigkeiten deutlich verbessern. Um herauszufinden, welche das genau sind, werden wir diese testen und schauen, wie sich dein Sehverhalten verändert.

Wähle für das Testen der für dich passenden Übung eine Challenge beim Brock-String in eine Richtung, in der du NOCH NICHT das ideale Bild erhältst – also in der z. B. das X noch nicht in der Kugel zu sehen ist. Diese ausgewählte Aufgabe führst du durch und merkst dir, was du siehst. Denn im Anschluss an die getesteten Neurobooster wirst du direkt wieder diese Challenge durchführen und beurteilen, ob du besser, schlechter oder genauso ein gutes Bild wie vorher bekommst.

Beispielsweise kannst du beurteilen, ob das X näher an der Kugel ist oder eine Schnur deutlicher zu sehen ist als vorher. Wir nutzen dabei den Brock-String, da dieser gleich mehrere visuelle Fähigkeiten aus verschiedenen Bereichen kombiniert.

Zungenkreisen

Stelle dich nach der Brock-String-Übung aufrecht mit geschlossenen Füßen hin und halte den Blick entspannt geradeaus und die Wirbelsäule lang.

Mache mit deiner Zunge mit geschlossenem Mund möglichst große Kreise und halte dabei deinen Kiefer ruhig. Nach circa 10 Sekunden wechselst du die Richtung für weitere 10 Sekunden. Teste anschließend den Brock-String und vergleiche zu vorher, ob dein Bild besser, schlechter oder gleich ist.

Zungenkreisen: ☐ Besser ☐ Gleich ☐ Schlechter

Abb. 84a-c: Zungenkreisen

Optodrum

Nimm eine aufrechte Position ein und bereite am Handy, Tablet oder Computer eins der Optodrum-Videos unter dem QR-Code vor. Betrachte den mittleren Streifen und halte deinen Blick mittig fixiert. Deine Augen werden dabei automatisch immer wieder einen oder mehrere Streifen weiterspringen.

https://www.youtube.com/watch?v=g7MjBQhV-tg

https://www.youtube.com/watch?v=bdMWbfTMOMM

Betrachte das Video 20 Sekunden lang und teste anschließend wieder mit dem Brock-String, welchen Effekt die Übung bei dir hatte. Wichtig ist, dass du dein Bild beim Brock-String immer wieder mit dem Test vor der zuletzt durchgeführten Übung vergleichst – NICHT mit dem ersten Brock-String-Bild.

Teste im Anschluss die andere Richtung des Optodrum-Videos und führe wieder einen Vorher- und Nachhertest am Brock-String durch. Achte darauf, dass du immer eine Variante oder Richtung des Brock-Strings wählst, die du NOCH NICHT schaffst. Denn nur dann kannst du auch Verbesserungen wahrnehmen und erkennen, ob dieser Neurobooster für dich passt oder nicht.

Sorgt also das Testen des Neuroboosters für ein ideales Brock-String-Bild, musst du für den nächsten Test eine schwerere Brock-String-Variante auswählen, wo du noch KEIN perfektes Bild bekommst.

Abb. 85: Optodrum

Optodrum nach links: ☐ Besser   ☐ Gleich   ☐ Schlechter

Optodrum nach rechts: ☐ Besser   ☐ Gleich   ☐ Schlechter

Nackenisometrie

Das System mit der Brock-String-Testung hast du ja inzwischen verstanden. Darum gehe ich in den folgenden Zeilen nur noch auf die Durchführung der Neurobooster ein. Hierbei handelt es sich um ein Anspannen der Hals- und Nackenmuskulatur in verschiedene Richtungen. Du baust jeweils mit der Hand Spannung auf und drückst mit dem Kopf dagegen.

Abb. 86a-d: Nackenisometrie

Beugung

Drücke mit der Hand von vorne gegen deine Stirn und spanne deinen Hals so an, als würdest du den Hals und Kopf nach vorne beugen wollen. Du solltest vor allem im vorderen Bereich deines Halses eine gewisse Anspannung spüren. Halte diese Spannung für circa 10 Sekunden.

Streckung

Drücke deine Hand von hinten an deinen Hinterkopf, als würdest du den Kopf nach vorne schieben wollen. Halte mit deiner Nackenmuskulatur dagegen, sodass sich der Kopf nicht bewegt und führe diese Übung wieder für 10 Sekunden durch.

Rotation

Halte deine Finger auf der linken Seite deines Kopfs ober- und unterhalb deiner Schläfe. Drücke durch die Hand den vorderen Teil deines Kopfs nach rechts und halte mit dem Kopf dagegen. Du spannst dadurch in Richtung einer Linksrotation deines Kopfs an. Führe die Übung sowohl in diese Richtung als auch in die Rechtsrotation für jeweils 10 Sekunden durch. Bedenke jedoch, dass du einzeln testest.

Beugung:	☐ Besser	☐ Gleich	☐ Schlechter
Streckung:	☐ Besser	☐ Gleich	☐ Schlechter
Linksrotation:	☐ Besser	☐ Gleich	☐ Schlechter
Rechtsrotation:	☐ Besser	☐ Gleich	☐ Schlechter

Trage die Neurobooster mit den auffälligsten Verbesserungen beim Trainingsplan auf S. 207 in den Zeilen 17-19 ein – beginnend mit der Übung, bei der du den größten Effekt gespürt hast. Nutze die Neurobooster immer dann, wenn die Hilfen im Brock-String-Kapitel dir nicht mehr weiterhelfen oder wenn du merkst, dass du über mehrere Tage keinen Trainingsfortschritt mehr im visuellen Bereich erzielst.

Die Reaktionen deines Nervensystems auf diese Übungen können sich jedoch auch verändern. Darum teste die Neurobooster ruhig alle 1-2 Wochen noch einmal durch, um immer wieder den aktuellen Stand zu erhalten, welche Booster für dich ideal sind. Diese kannst du dann auch durchaus für deine anderen Trainingsblöcke oder deine Spiele nutzen, um kurzfristig einen Leistungsschub für dein gesamtes Nervensystem zu erhalten.

Ansprechpartner in deiner Nähe

Wenn du nach dem ganzen Input über das visuelle Training große Schwierigkeiten haben solltest, mit diesen Dingen zu arbeiten, dann kannst du dazu gerne spezialisierte Trainer zurate ziehen, die dir dabei weiterhelfen. Ich habe versucht, es dir möglichst einfach zu machen, allerdings sind diese Dinge durchaus sehr komplex, sodass ich nicht garantieren kann, dass ich genau dich damit auch verständlich erreicht habe.

Unter dem QR-Code kannst du zwei Links finden, wo du Experten in deiner Nähe finden kannst. Zum einen kannst du Neuro-Athletik-Trainer finden, die sich in der Regel darauf spezialisieren, über deine Augen, dein Gleichgewichtssystem und deine Körperwahrnehmung deine Bewegungen zu optimieren. Beim anderen Link findest du eine Karte von Visualtrainern, deren Expertise es ist, detailliert deine visuellen Fähigkeiten zu verbessern. Gerade dann, wenn du große Probleme im Bereich der visuellen Wahrnehmung erkennst, findest du dort die perfekten Ansprechpartner für dich.

Hier findest du Visualtrainer in deiner Nähe

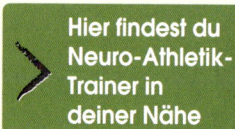

Hier findest du Neuro-Athletik-Trainer in deiner Nähe

https://dynamic-eye.de/team/#TrainerDeutschland   *https://zhealtheducation.com/find-a-trainer/*

Und auch, wenn du mit all diesen Übungen super klarkommst und möglicherweise alle Challenges des Visualtrainings bewältigt hast, könnte dir ein persönlicher Experte weiterhelfen, um die nächsten sinnvollen Schritte beim Training deiner visuellen Fähigkeiten zu gehen.

© picture alliance/dpa | Sven Hoppe

9

TRAININGSDOKUMENTATION – UMSETZEN, LERNEN UND BESSER WERDEN

9.1 DEIN INDIVIDUELLER TRAININGSPLAN

Nachdem du jetzt hunderte verschiedene Challenges kennengelernt hast, geht es in diesem Kapitel darum, diese in der richtigen Struktur mit einem passenden Umfang auch in deinen Alltag zu integrieren. In der folgenden Tabelle 21 findest du deinen kompletten Trainingsplan mit allen vier Aufgabenbereichen, wenn du voll einsteigen willst. Du hast hier alles Wichtige auf einen Blick:

- Trainingsschwerpunkte mit deiner aktuellen Challengenummer
- die Seite, wo du die Beschreibung deiner aktuellen Challenge findest
- Empfehlungen zur Dauer und Häufigkeit der Einheiten

Tab. 21: Trainingsplan

Zeile	Trainingsschwerpunkt	Challenge #	Seite	Trainingsgestaltung
1	*Fußballspezifisches Individualtraining*			Häufigkeit: Mindestens 2 x pro Woche
2	Schwerpunkt 1: Basics I	Challenge 1	S. 63ff.	Dauer: Mindestens 15 Minuten
3	Schwerpunkt 2: Basics II	Challenge 1	S. 69	Herangehensweise: Zwei Schwerpunkte mit Wechsel nach eigenem Empfinden
4	*Fokusaufgaben für das Teamtraining*	Challenge 1	S. 131	In jeder Übungs- und Spielform, die passend ist
5	*Scantraining mit Profitempo*	Challenge 1	S. 138	Mindestens eine Halbzeit pro Woche
6	*Visualtraining*		S. 142ff.	
7	Palming (30 Sek.)	–	S. 145f.	
8	Fixation		S. 146ff.	
9	Blicksprünge		S. 152ff.	
10	Augenfolge-bewegungen ☐ L ☐ R		S. 159ff.	Häufigkeit: Täglich Dauer: Mindestens 10 Minuten
11	Peripheres Sehen ☐ L ☐ R ☐ beide		S. 167ff.	Herangehensweise: Pro Block die letzte bewältigte Challenge durchführen, nächste testen oder bei Problemen die schwachen Bereiche und Richtungen trainieren
12	Vergenzen	Challenge 1	S. 174	
13	Tiefen-wahrnehmung 1. Kugel: ___ cm letzte Kugel: ___ cm		S. 177ff.	
14	Akkommodation ☐ ja ☐ nein	–	S. 197ff.	
15	Palming (30 Sek.)	–	S. 145f.	
16	*Neurobooster*			Zeitpunkt: Bei Stagnation über mehrere Tage mit Vorher-Nachher-Test einbauen
17	1.		S. 200	
18	2.		S. 200	
19	3.		S. 202f.	

> ## Achtung
>
> Bei allen Trainingseinheiten – unabhängig vom Trainingsbaustein – solltest du auf Überlastungserscheinungen deines Nervensystems achten. Denn all diese Challenges fordern deine Konzentration und deinen gesamten Organismus deutlich extremer, als man das von außen denken mag.
>
> Folgende Reaktionen könnten auftreten und stellen für dich Zeichen für eine benötigte Pause dar:
>
> - Schwindel
> - Übelkeit
> - Kopfschmerzen

9.2 DEINE TRAININGSUPDATES

Hast du einen Challengeblock im Bereich des Individualtrainings vollständig bewältigt, kannst du mit dem nächsten Block starten. Um diesen passend auszuwählen, nutze die weiteren Hinweise in diesem Kapitel.

Im Bereich des Scantrainings kannst du dich über die Dauer immer weiter steigern. Sollte das alles durchgehend in einem Spiel funktionieren, bist du schon auf einem extrem hohen Level.

Bei vollständigen Challengeblöcken im Bereich des Visualtrainings solltest du zunächst nach 1-2 Tagen Pause checken, ob diese höchsten Challengestufen auch ohne Neurobooster oder andere vorgeschaltete Augenübungen zu bewältigen sind. Du testest damit, ob das Training auch zu nachhaltigen Veränderungen geführt hat.

Sollte dies nicht der Fall sein, übe noch etwas weiter mit der höchsten Stufe. Wenn doch, kannst du diesen Block aus deinem Trainingsplan streichen. Gerade in den höheren Challengestufen des Brock-Strings sind zahlreiche visuelle Fähigkeiten gefordert, sodass du bei diesem binokularen Training gleich ein komplexes Visualtraining hast und nicht zwingend jeden einzelnen Baustein weiterverfolgen musst.

Hast du jegliche Challenge im Bereich deines Teamtrainings bewältigt, hast du riesige Schritte gemacht und deinen Wahrnehmungs- und Orientierungsprozess in der Praxis auf ein neues Level gehoben. Wenn du an diesem Punkt angelangt bist und das nicht schon vorher konntest, wirst du sicherlich auch in deinem Spiel deutliche Verbesserungen spüren.

Jedes Mal, wenn du einen IT-Challengeblock komplett bewältigt hast, empfehle ich dir, über den Fragebogen erneut zu checken, welche Punkte du in deinem Spiel beurteilen kannst und auf welchem Level du sie umgesetzt bekommst. Die erneute Auswertung wird dir gleich einen Hinweis darauf geben, an welchem Schwerpunkt du idealerweise als Nächstes arbeiten solltest.

Tab. 22: Reflexionsfragebogen

Lies dir bitte die kommenden Aussagen durch und kreuze an, wie häufig du es schaffst, diese Punkte umzusetzen. Sei bitte 100 % ehrlich zu dir selbst, weil ich dir nur dann den optimalen Trainingserfolg zusichern kann.	Weiß nicht	Nie	Manchmal	Häufig	Immer
1. „Bevor ich einen Pass bekomme, schaue ich, während der Ball schon unterwegs ist, noch einmal, was hinter meinem Rücken passiert."					
2. „Bei meinem ersten Kontakt halte ich meine Augen auf den Ball fixiert."					
3. „Bevor der Ball zu mir gespielt wird, stehe ich in einer offenen Stellung, sodass mein Oberkörper in die Spielrichtung (bzw. in Richtung gegnerisches Tor) zeigt."					
4. „Beim Kopfball halte ich die Augen offen und blicke während des Kontakts direkt auf den Ball."					
5. „Wenn ich mit dem Ball dribble, halte ich den Kopf oben, um nach der besten Lösung Ausschau zu halten."					
6. „Während meine Mitspieler sich den Ball untereinander zuspielen, schaue ich mich um, was um mich herum passiert."					
7. „Wenn ich ohne Ball im hohen Tempo laufe oder sprinte, schaue ich mich gleichzeitig um, was meine Mit- und Gegenspieler machen."					
8. „Beim Torschuss blicke ich direkt beim Kontakt auf den Ball und halte den Blick dort, bis der Ball den Fuß verlassen hat." Für Torhüter: „Beim Abstoß und Abschlag blicke ich direkt beim Kontakt auf den Ball und halte den Blick dort, bis der Ball den Fuß verlassen hat."					
9. „Wenn ich im Spiel nach vorne schaue (oder nach unten auf den Ball), bekomme ich trotzdem mit, was links und rechts von mir geschieht."					
10. „Einen hohen Ball bekomme ich mit meinem ersten Kontakt ideal kontrolliert, sodass ich keine Zeit verliere."					
11. „Wenn ich den Ball von meinem Mitspieler fordere, begebe ich mich in eine diagonale Position, statt direkt und gerade auf den ballführenden Spieler zuzulaufen."					
12. „Vor meinem ersten Kontakt erkenne ich genau, wie und in welche Richtung ich den Ball mitnehmen muss."					
13. „Beim Kopfball ist mein Timing so gut, dass ich den Ball am höchsten Punkt treffe." Für Torhüter: „Bei Flanken ist mein Timing so gut, dass ich den Ball am höchsten Punkt abfange."					
14. „Wenn die gegnerische Mannschaft in Ballbesitz ist, schaue ich mich um, was neben und hinter mir passiert."					
15. „Beim Passen fixiere ich mit meinem Blick den Ball im Moment des Ballkontakts."					
16. „Wenn ich mit dem Ball dribble, weiß ich genau, ob ich von hinten attackiert werde und wie viel Zeit ich für die nächste Aktion habe."					
17. „Vor einem Torschuss sehe ich genau, wo der Torhüter und eventuell die Verteidiger stehen und weiß genau, in welche Ecke ich schießen muss."					
18. „Im Spiel gegen den Ball weiß ich, welche Gegenspieler sich wo in meinem Rücken bewegen."					

Reflexionsfragebogen

Wie viele Fragen konntest du nicht beantworten?

_____

Welche drei Bereiche kannst du am besten umsetzen?

_____

_____

_____

Welche drei Bereiche kannst du bis jetzt am wenigsten umsetzen
(oder einschätzen)?

_____

_____

_____

Warum diese verschiedenen Inhalte des Fragebogens für dich als Fußballer wichtig sind, sollte dir nach dem Lesen bis hierher hoffentlich klar sein. Um zu entscheiden, in welchen Facetten deines Spiels du dich weiterentwickeln willst, solltest du dir folgende Fragen in Bezug auf die auffälligsten positiven und negativen Bereiche stellen:

- Gibt es eine Fähigkeit, die du schon gut beherrschst und eine, die du zu einer Waffe entwickeln willst, um einen noch größeren Einfluss auf das Spiel zu haben?

- Ist bei den schlechteren Bereichen eine Schwäche dabei, die dein Spiel deutlich limitiert – also eine Fähigkeit, die aktuell dafür sorgt, dass du deine Stärken nicht richtig in das Spiel einbringen kannst?

Entscheide dich, welche dieser Fragen du beim nächsten Beantworten des Fragebogens deutlich besser beantworten möchtest, weil dich diese Fähigkeit als Fußballer am meisten weiterbringt. In der unten stehenden Tabelle kannst du nun nachlesen, bei welcher Fragennummer ich dir welchen Challengeblock als Trainingsschwerpunkt empfehle.

Solltest du feststellen, dass deine ausgewählte Frage auf einen Block verweist, den du auch schon aktiv bearbeitest, kannst du deine Prioritäten und deinen Zeitaufwand ein wenig in diese Richtung verschieben. Erkennst du, dass diese Challenges schon vollständig von dir bewältigt wurden, kannst du dich in diesem Bereich an den Next-Level-Aufgaben versuchen und dir deine Challenges selbst intensiver gestalten.

Alternativ hast du auch die Möglichkeit, den Fragebogen seitenabhängig zu bewerten, sodass du mehr darauf achtest, auf welcher Seite (links oder rechts) du z. B. deine Umgebung besser oder schlechter wahrnimmst.

Tab. 23: Auswahl IT-Blöcke

Nr.	Empfohlene Trainingsblöcke	Seiten
1	IT-Basics I, IT-Basics II	S. 60ff., S. 68ff.
2	Visualtraining, IT-Basics I	S. 142ff., S. 60ff.
3	Exkurs-Offene Stellung, erster Kontakt-variable Techniken	S. 88, S. 73ff.
4	IT-Kopfball	S. 97ff.
5	IT-Lauforientierung	S. 117ff.
6	Scantraining, Teamtraining	S. 136ff., S. 130ff.
7	IT-Lauforientierung	S. 117ff.
8	IT-Torschuss	S. 105ff.
9	Exkurs Peripherie	S. 104
10	Visualtraining	S. 142ff.
11	IT-Positionierung	S. 110ff.
12	IT-Erster Kontakt-variable Richtungen	S. 89ff.
13	IT-Kopfbälle, Visualtraining	S. 97ff., S. 142ff.
14	Scantraining, Teamtraining	S. 136ff., S. 130ff.
15	IT-Basics I, IT-Basics II, VT-Fixation	S. 60ff., S. 68ff., S. 146ff.
16	IT-Lauforientierung	S. 117ff.
17	IT-Torschuss	S. 105ff.
18	Scantraining, Teamtraining	S. 136ff., S. 130ff.

Hier geht es zu den Druckvorlagen

https://download.m-m-sports.com/extras/360_Grad_Fussballer/Druckvorlagen.pdf

9.3 VOM FAULEN SACK ZUM MACHER – MEINE ERKENNTNISSE

Jetzt sitze ich nun hier mit meinem Laptop und einem Kaffee in meinem Lieblings-café und tue mich schwer, mit diesem Kapitel anzufangen. Um das zu ändern, habe ich mich jetzt gerade einer Technik bedient, die mir schon häufig geholfen hat, ins Tun zu kommen.

Dieser Trick sorgt dafür, dass man die größte Hürde eliminiert, die uns in einem Produktivitäts- oder Trainingsprozess im Wege steht – der Start. Die sogenannte *Zwei-Minuten-Regel* besagt, dass du, wie der Name schon sagt, zwei Minuten die gewünschte Tätigkeit durchführst. Das kann in deinem Fall einer der verschiedenen Trainingsblöcke sein, wo du eventuell eine innere Hürde verspürst.

Wenn das der Fall ist, setze dir das Ziel, für zwei Minuten anzufangen und erlaube dir, danach wieder aufzuhören, wenn du das Bedürfnis danach verspürst. Durch diesen Trick verringert sich die Einstiegshürde, du fängst jeden Tag zumindest an und wirst sehr häufig sogar deutlich länger als diese zwei Minuten trainieren, weil du dann „drin bist". Mit dieser Strategie kommst du regelmäßig und kontinuierlich ins Handeln.

Genau dieser Start ist für die meisten Menschen das Problem. Denn der Unterschied zwischen dem Menschen, der du bist und dem Menschen, der du sein willst, liegt in dem, was du tust. Ich selbst habe mir mit diesem Trick die so ziemlich wichtigste Routine meines Lebens angewöhnt – tägliches Lesen.

Das ist jetzt erst vier oder fünf Jahre her, aber hat dafür gesorgt, dass ich mich täglich fortbilde, dass ich regelmäßigen Input und Inspiration erhalte und dadurch immer wieder kritisch gegenüber meinen aktuellen Denkmustern und Glaubenssät-zen bin. Dadurch lese ich inzwischen circa zwei Bücher pro Monat.

So viele Bücher, wie ich jetzt jährlich lese, habe ich ungefähr in den 28 Jahren davor insgesamt gelesen. Diese Veränderung hat zur Folge, dass ich mich kontinuierlich weiter in die Richtung entwickle, in die ich hinwill und wahrscheinlich würde ich sonst auch nicht dieses Buch hier schreiben.

Ich habe mich jahrelang damit schwergetan, ins Umsetzen zu kommen. Teilweise waren das Dinge, die mir zunächst leichtfielen, als ich mich einfach treiben ließ. Aber als ich mir etwas fest vorgenommen hatte, kamen immer wieder Probleme. Häufig habe ich nicht angefangen und Sachen hinausgeschoben und mich irgend-wie abgelenkt. Social Media ist dabei nicht unbedingt hilfreich.

Doch vor allem die eigenen Gedanken, die mich selbst immer wieder verurteilten, brachten mich in einen Teufelskreis. Denn mit dieser negativen Energie war der Start unglaublich schwierig. Vielleicht kennst du das selbst. Wir reden häufig mit uns selbst in einer Art und Weise, wie wir mit anderen Menschen niemals sprechen würden. Da fallen bei vielen Menschen teilweise Beleidigungen, die wir anderen nie zumuten würden.

Darum ist es durchaus hilfreich, *sich selbst und die aktuelle Situation anzunehmen*, wie sie ist. Was du in den vergangenen Tagen oder Stunden getan oder nicht getan hast, spielt keine Rolle für die Zukunft. JETZT ist der Moment, an dem du die Weichen neu stellen und den ersten Schritt gehen kannst, zum Beispiel mit der Zwei-Minuten-Regel.

Wir zoomen mal ein wenig raus aus diesen konkreten Situationen und schauen mehr auf die wöchentliche Planung. Zum einen ist es schon sinnvoll, überhaupt einen Wochenplan für das eigene Training zu erstellen. Vielleicht bist du einer von wenigen Menschen, die täglich die spontane Lust und Motivation haben, an ihren Zielen zu arbeiten. Wenn nicht, ist es absolut hilfreich, zu planen.

Und dabei geht es vor allem darum, sich *feste Termine* zu setzen. Damit meine ich nicht nur Tage, sondern konkrete Uhrzeiten und konkrete Orte. Je mehr Entscheidungen du spontan kurzfristig treffen musst, desto größer ist die Hürde für den Start.

Auch die *Vorbereitung* deiner Einheit (oder der Aktivität, an die du jetzt denkst) kann hilfreich sein. Wenn du weißt, dass du morgen auf dem Platz eine Individualeinheit machen willst, dann lege dir am Abend davor schon alles bereit, was du brauchst. Wenn du jeden Morgen mit dem Brock-String arbeiten möchtest, wenn du aus der Dusche kommst, dann lege ihn zu den Sachen, die du direkt danach anziehen wirst, damit er dir direkt ins Auge sticht.

Bei der Planung gibt es noch weitere Hilfen, die du für dich einbauen kannst. Nutze zum Beispiel die Möglichkeit, eine Erinnerung in dein Handy einzuspeichern, um dich an das geplante Training zu erinnern. Oder du verabredest dich mit einem Trainingspartner. Wenn einer von euch beiden mal unmotiviert sein sollte, habt ihr die Chance, euch gegenseitig in den Hintern zu treten.

Wenn wir noch etwas weiter rauszoomen, kommen wir auf die Ebene des Mindsets und der Routinen. Wir wollen zum einen die passenden Fragen stellen, die dir helfen, deine tiefer liegende Motivation herauszukitzeln und die langfristigen Wirkungen deines Handelns zu betrachten.

- Warum tust du, was du tust?

- Welche Ziele hast du damit?

- Was passiert, wenn du die Dinge tust, die du dir vorgenommen hast?

- Was passiert in einem Monat, in einem Jahr oder in 10 Jahren?

- Was passiert in dieser Zeit, wenn du diese Dinge nicht tust?

Stelle dir diese Fragen und versuche, sie konkret zu beantworten. Wenn du weißt, warum du tust, was du tust, ist das enorm hilfreich dabei, Routinen und Gewohnheiten aufzubauen. Also so, dass du etwas tagtäglich oder regelmäßig zu bestimmten Terminen in der Woche machst.

Dabei ist es auch nützlich, diese Tätigkeit für mindestens 1-2 Monate ohne Ausnahmen konsequent durchzuziehen. Die Zwei-Minuten-Regel kann dir dabei wieder helfen, zunächst in die Umsetzung zu kommen. Es gibt zahlreiche Tipps und Tricks, die dich dabei unterstützen können. Einige Bücher dazu findest du auch im Literaturverzeichnis.

Die für mich hilfreichste Technik war in diesem Gebiet mit Abstand die Strategie, *die Kette nicht zu durchbrechen*. Nutze einen Wandkalender oder einen normalen Terminkalender und mache für jeden Tag, an dem du deine Tätigkeit ausreichend durchgeführt hast, ein Kreuz in den Kalender. Lege vorher im Detail fest, wann du dir das Kreuz verdient hast und wann nicht.

Für das tägliche Durchführen des Visualtrainings eignet sich diese Taktik sehr gut. Wenn du jetzt beispielsweise vier Kreuze in Folge hast, wirst du auch bei einem unmotivierten fünften Tag genau darüber nachdenken, ob du dein Training ausfallen lässt. Natürlich willst du lieber das fünfte Kreuz setzen, statt am nächsten Tag wieder beim ersten beginnen zu müssen.

Erhöhen kannst du den Effekt dieser Methode noch dadurch, dass du dir eine Belohnung setzt, wenn du 30, 50 oder 100 Kreuze in deiner Kette hast.

STUDIENLAGE ZUR VIKOMOTORIK™ IM FUSSBALL

von Christian Hasler

Der Begriff VIKOMOTORIK™ beschreibt drei wesentliche Fähigkeitsbereiche, die nicht nur im Fußball, sondern in unserem täglichen Leben entscheidend sind.

1. VI – visuell, die Aufnahme externer Information über unsere Augen.

2. KO – die Verarbeitung dieser Informationen in unserem Gehirn.

3. MOTORIK – die Umsetzung in eine Handlung bzw. Bewegung.

Jede willentliche Bewegung folgt diesem Muster. Lediglich bei der Informationsaufnahme stehen uns mehrere Analysatoren zur Verfügung. So nehmen wir Informationen auch auditiv, sensorisch und kinästhetisch wahr.

Betrachtet man die einzelnen Kategorien für sich, stellt man fest, das es insgesamt 11 Fähigkeiten sind, die zusammen die visuellen Fähigkeiten beschreiben. Im Bereich der Kognition sprechen wir über die wichtigsten sieben Fähigkeiten.

Abb. 86 zeigt die wesentlichen Fähigkeiten des VIKOMOTORIK™ Konzepts, die, neben Kraft, Beweglichkeit, Koordination und Schnelligkeit, getestet und trainiert werden sollten.

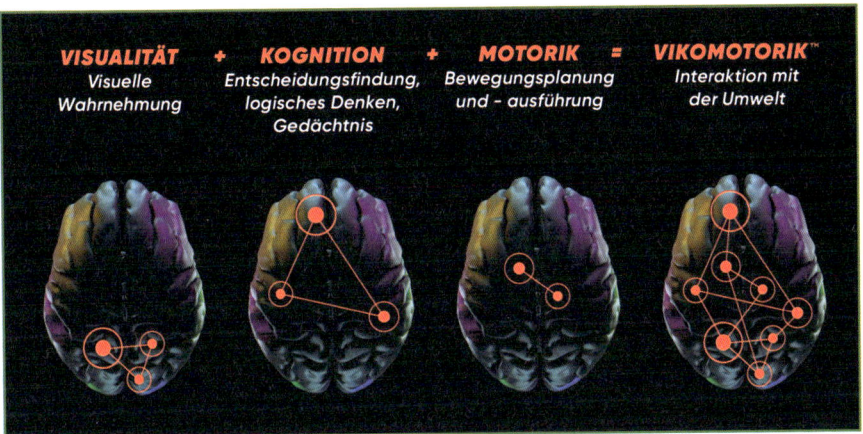

Abb. 86: Die wesentlichen Fähigkeiten des VIKOMOTORIK® Konzepts

Fußball als komplexes Spiel und mit einem hohen Anteil an zufälligen Ereignissen stellt ein besonderes Anforderungsprofil an die Spieler.

So müssen ständig neue Informationen aufgenommen werden, da sich Spieler, Gegenspieler und Ball im Raum dynamisch bewegen. Die Informationslage ändert sich permanent und unterliegt häufig dem Zufall. So hat unter anderem Prof. Daniel Memmert von der Deutschen Hochschule für Sport in Köln dargestellt, das circa 50 Prozent aller Tore auf zufälligen Ereignissen beruhen.

Je mehr der Zufall eine Rolle spielt, je mehr unvorhersehbare Ereignisse in einem Sport auftreten und je schneller eine Sportart ist, desto wichtiger wird es, über sehr gut ausgeprägte visuelle Fähigkeiten zu verfügen. Auf eine Situation, die man zu spät oder gar nicht wahrnimmt, kann man auch nicht reagieren bzw. reagiert man zu spät. Nachdem circa 80 Prozent der externen Informationen über unsere Augen aufgenommen werden, stellen unsere visuellen Fähigkeiten einen zentralen und häufig limitierenden Faktor unseres Leistungsvermögens dar. Als konkretes Beispiel sind hierfür die Einschätzung des Ballflugs, der Geschwindigkeit des Mit- oder Gegenspielers, die Wahrnehmung der Positionsinformationen der Spieler und des Balls, räumliches, peripheres und dynamisches Sehen, zu nennen, um möglichst schnell möglichst viele Informationen richtig aufzunehmen.

Hat ein Spieler die beschriebenen Informationen aufgenommen, gilt es, eine Entscheidung zu treffen. Dabei muss zuallererst die Information im Arbeitsgedächtnis gespeichert werden und abrufbar sein. Je mehr Informationen dort gespeichert werden können und je schneller diese abgerufen werden können, desto besser und schneller werden Entscheidungen getroffen. Dabei befinden sich die Spieler meist in Bewegung und müssen sich im Raum orientieren. Bei der eigentlichen Entscheidungsfindung müssen sehr häufig Informationen mit Erfahrungswerten abgeglichen werden. Die sich daraus ergebende Handlungsstrategie muss von den Spielern allerdings permanent überprüft werden, da sich die Informationslage ständig ändert und neue Informationen hinzukommen. Das sogenannte *Task Switching* ist gerade für Spieler auf Positionen mit hohem Zeit- und Gegnerdruck essenziell. Ein Spieler muss unter Umständen die vorgenommene Handlung abbrechen (Inhibition) oder ohne zu zögern umsetzen.

Je besser und homogener Beweglichkeit, Kraft und Schnelligkeit innerhalb der einzelnen Spieler ausgeprägt sind, desto entscheidender bestimmt die VIKOMOTORIK™ über Erfolg und Misserfolg einzelner Aktionen und somit auch über den Ausgang des Spiels.

Wichtig: In der Jugendförderung und im Scouting ist besonders auf die VIKOMOTORIK™ eines Spielers zu achten, da diese Fähigkeiten häufig ein genaueres Bild abgeben, als wachstumsabhängige Leistungen wie Schnelligkeit, Kraft oder Größenvorteile. Diese Vorteile verschwinden zum großen Teil im Erwachsenenalter und VIKOMOTORIK™, Technik, Mindset, Teamgeist übernehmen eine zunehmend wichtigere Rolle. Wobei bewusst auf eine Wertung verzichtet wird, denn Spitzenleistung wird nur durch das Zusammenspiel mehrerer Faktoren erbracht.

Betrachtet man dieses komplexe Zusammenspiel verschiedener Fähigkeiten in einem zufälligen Spiel, das in Bewegung stattfindet, so versteht man sehr schnell, wie wichtig ein spezifisches Training der VIKOMOTORIK™ ist.

- Nur wie trainiert man diese Fähigkeiten effektiv?

Zumindest weiß man schon sehr genau, wie es nicht geht – nämlich an PCs, Handys und Tablets.

Brasilianische Forscher konnten zeigen, dass die übermäßige Handy- und Konsolennutzung zu einer schlechteren fußballerischen Leistung führt.

„*There is **currently insufficient empirical** evidence to support that such training*
can improve memory, general cognition, or everyday functioning."
(Nguyen et al., 2022)

„*Cognitive training **does not enhance** general cognition.*"
(Sala & Gobet, 2019)

„*Based on our results, **Brain Training Programs***
*as commercially available products are **not as effective as first expected***
or as they promise in their advertisements."
(Rossignoli-Palomeque et al., 2018)

Ein **effektives Gehirntraining** muss trainingswirksame Reize enthalten, kombiniert stattfinden und in Bewegung durchgeführt werden. Das bedeutet konkret, dass visuelle, kognitive und motorische Komponenten im Training kombiniert werden müssen. Dabei braucht es herausfordernde Reize für das Gehirn und es muss in Bewegung, also möglichst funktionsnah, durchgeführt werden.

Fehlende motorische Komponenten limitieren den Transfer in den Alltag (Renshaw et al., 2018).

„*Your brain is like a muscle – use it and make it strong.*"
(Niebaum & Bunge, 2014)

Als Trainingseffekte sind eine Zunahme an Synapsen und Neuronen zu nennen, sowie eine verbesserte Isolierung. Spürbar sind diese Effekte als erhöhte Rechenleistung und in einer schnelleren Signalleitung. (Lebel & Beaulieu, 2011)

Unter anderem Raichlen und Alexander (2017) und Torre und Temprado (2021) haben herausgefunden, dass kombinierte visuell-kognitiv-motorische Trainingseinheiten effektiver sind als reine Kognitions- und Ausdauertrainingseinheiten.

Übertrag der VIKOMOTORIK® auf das Spielfeld

Die Verbesserungen der einzelnen Fähigkeiten können am SKILLCOURT® gemessen und nachgewiesen werden. Auf dem Spielfeld hingegen gibt es keine messbaren Parameter für visuelle und kognitive Leistungen. Dokumentiert werden Zweikampfquoten, Passquoten, gewonnene und verlorene Kopfballduelle usw. Bei einem Fehlpass fehlt jedoch die Erkenntnis, warum der Ball nicht den Mitspieler gefunden hat, da sich der „Pass" aus einer Fülle von einzelnen Fähigkeiten zusammensetzt. Vielleicht hat der Spieler den Gegner nicht wahrgenommen (peripheres Sehen, Blicksprünge) oder er hat ihn gesehen, konnte die Bewegung aber nicht mehr abbrechen (Inhibition). Allein das richtige Timing einer Bewegung beruht auf insgesamt 17 einzelnen Fähigkeiten.

Sportliche Leistung kann unter anderem wie folgt beschrieben werden:

- Zur richtigen Zeit, am richtigen Ort, das richtige tun

- Schneller sehen → schneller wahrnehmen → mehr Zeit für bessere Entscheidungen

- Guter Input → gute Interpretation → guter Output

Werden motorische und technische Herausforderungen mit visuellen und kognitiven Aufgaben kombiniert, so lassen sich Spielsituationen individuell gut trainieren. Am SKILLCOURT® erhält man z. B. Auskunft über die Reaktionszeiten, Kontaktzeiten, die Anzahl von Fehlentscheidungen, Asymmetrien und vieles mehr.

Diese Erkenntnisse lassen sich hervorragend für ein individuelles Training im Rahmen der Rehabilitation und der Leistungssteigerung nutzen.

Auch im Hinblick auf die Verletzungsprophylaxe ist eine sehr gute VIKOMOTORIK® wichtig.

Findet in der Aufgabenkette Wahrnehmung-Entscheidungsfindung-Reaktion ein Fehler statt, so kann dieser nur noch motorisch ausgeglichen werden. Reagiert ein Spieler z. B. zu spät, kann er diesen Nachteil nur noch im Laufduell kompensieren, indem er schneller und/oder länger läuft, am Ende in einen Zweikampf muss oder im Zweikampf eine Grätsche benötigt. Diese Faktoren erhöhen allesamt das Verletzungsrisiko signifikant.

Kognitive Fähigkeiten (insbesondere Reaktionszeit) stehen in Zusammenhang mit der Verletzungsanfälligkeit in Open-Skill-Sportarten (Wilke & Groneberg, 2022).

Eine konkrete Umsetzungsmöglichkeit, VIKOMOTORK® zu testen und zu trainieren, bieten intelligente Systeme, wie z. B. der SKILLCOURT®. Mittels Laser und KI basierter 3D-Technologie werden neben effektivem Gehirntraining auch motorische Fähigkeiten getestet und trainiert. Gleichzeitig ermöglicht dieses System die strukturierte und objektive Bewertung des Verletzungsrisikos und des Rehabilitationsprozesses.

Mehr Infos auf www.skillcourt.training

> „I see the next step being technology used to train our brain."
> *(Arsène Wenger)*

Zur Person Christian Hasler

Christian Hasler ist Dipl.-Sportwissenschaftler, Athletiktrainer und einer der Gründer und Erfinder des *Skillcourts®*. Seine Motivation besteht darin, Menschen in ihrer Entwicklung zu helfen, deshalb gründete und führt er mehrere Unternehmen aus den Bereichen Sports,- Health- und Nutritech, die heute in mehr als 15 Ländern tätig sind.

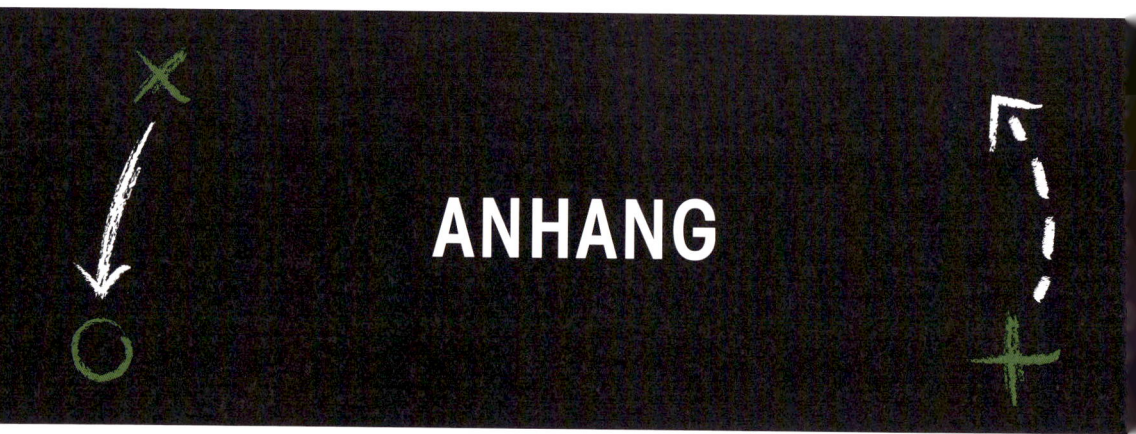

ANHANG

1   QR-CODES FÜR DIE FARBEN-TOOLS

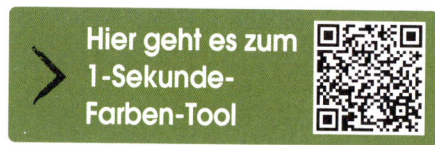

https://download.m-m-sports.com/extras/
360_Grad_Fussballer/Farben_Tool_1s.mp4

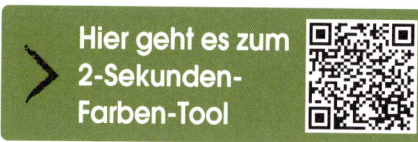

https://download.m-m-sports.com/extras/
360_Grad_Fussballer/Farben_Tool_2s.mp4

https://download.m-m-sports.com/extras/
360_Grad_Fussballer/Farben_Tool_3s.mp4

https://download.m-m-sports.com/extras/
360_Grad_Fussballer/Farben_Tool_4s.mp4

https://download.m-m-sports.com/extras/
360_Grad_Fussballer/Farben_Tool_5s.mp4

2 LITERATUREMPFEHLUNGEN

Allen, D. (2015). *Wie ich die Dinge geregelt kriege: Selbstmanagement für den Alltag* (H. Reuter, Übers.). München: Piper Verlag.

Amend, L. (2019). *It's All Good: Ändere deine Perspektive und du änderst deine Welt.* München: Kailash.

Clear, J. (2020). *Die 1%-Methode – Minimale Veränderung, maximale Wirkung: Mit kleinen Gewohnheiten jedes Ziel erreichen – Mit Micro Habits zum Erfolg.* München: Wilhelm Goldmann Verlag.

Henseling, M. & Mari´c, R. (2018). *Fußball durch Fußball: Das Trainingshandbuch von Spielverlagerung.de* (3. Aufl.). Die Werkstatt.

Keller, G. & Papasan, J. (2017). *The One Thing: Die überraschend einfache Wahrheit über außergewöhnlichen Erfolg.* München: REDLINE.

Körner, M. (2017). *Untersuchung des Blickverhaltens verschiedenklassiger Fußball-Teams mithilfe von Eye-Tracking auf Basis einer simulierten Spielsituation eines Zentrumspielers.*

Lebel, C., & Beaulieu, C. (2011). Longitudinal development of human brain wiring continues from childhood into adulthood. *The Journal of Neuroscience: The Official Journal of the Society for Neuroscience, 31*(30), 10937-10947.

Lienhard, L. (2019). *Training beginnt im Gehirn: Mit Neuroathletik die sportliche Leistung verbessern.* München: riva.

Lienhard, L. (2021). *Schnelligkeit beginnt im Gehirn: Mit Neuroathletik das Reaktionsvermögen verbessern und die Schnelligkeitsleistung optimieren.* München: riva.

Loffing, F., Neugebauer, J., Hagemann, N. & Schorer, J. (2018). *Eye-Tracking im Spitzensport – Validität, Grenzen und Möglichkeiten* (1. Aufl.). Köln: Sportverlag Strauß.

Lutz, H. (2010). *Besser Fußball spielen mit Life-Kinetik®: Das sensationelle Gehirn- und Bewegungstraining.* München: Buchverlag.

McGreskin, K. (2021). *SCANNING – how to train it and develop game awareness: See more, think quicker, play better.* Soccertutor.com.

Memmert, D. (2019). *Fußballspiele werden im Kopf entschieden: Kognitives Training, Kreativität und Spielintelligenz im Amateur- und Leistungsbereich.* Aachen: Meyer & Meyer Verlag.

Niebaum, J., & Bunge, S. (2014). *Your brain is like a muscle: Use it and make it strong. Front. Young Minds, 2*(5).

Nguyen, L., Murphy, K., & Andrews, G. (2022). *A game a day keeps cognitive decline away? A systematic review and meta-analysis of commercially-available brain training programs in healthy and cognitively impaired older adults. Neuropsychology Review, 32*(3), 601-630.

Raichlen, D. A., & Alexander, G. E. (2017). *Adaptive capacity: An evolutionary neuroscience model linking exercise, cognition, and brain health. Trends in Neurosciences, 40*(7), 408-421.

Renshaw, I., Davids, K., Araújo, D., Lucas, A., Roberts, W. M., Newcombe, D. J., & Franks, B. (2018). Evaluating weaknesses of „perceptual-cognitive training" and „brain training" methods in sport: An ecological dynamics critique. *Frontiers in Psychology, 9,* 2468.

Rossignoli-Palomeque, T., Perez-Hernandez, E., & González-Marqués, J. (2018). Brain training in children and adolescents: Is it scientifically valid? *Frontiers in psychology, 9.*

Sala, G., & Gobet, F. (2019). *Cognitive training does not enhance general cognition. Trends in Cognitive Sciences, 23*(1), 9-20.

Schmid-Fetzer, U. (2018). *Neuroathletiktraining: Grundlagen und Praxis des neurozentrierten Trainings.* München: Richard Pflaum Verlag.

Torre, M. M., & Temprado, J.-J. (2021). *A review of combined training studies in older adults according to a new categorization of conventional interventions. Frontiers in Aging Neuroscience, 13,* 808539.

Vickers, J. N. (2007). *Perception, cognition and decision training.* Chicago: Human Kinetics.

Wilke, J., & Groneberg, D. A. (2022). *Neurocognitive function and musculoskeletal injury risk in sports: A systematic review. Journal of Science and Medicine in Sport, 25*(1), 41-45..

3 BILDNACHWEIS

Coverfoto: © picture alliance/dpa | Federico Gambarini

Covergestaltung: Dafni Perrou

Fotos Innenteil: S. 30, 56, 59, 60, 129, 130, 136, 142, 205, 206: © picture alliance/dpa;
        S. 217, 221: © Christian Hasler
        alle übrigen Bilder: © Marcel Körner

Fußballgrafiken: © easy sports graphics

Grafiken nachgebaut: Dafni Perrou

Innenlayout: Annika Naas

Satz: www.satzstudio-hilger.de

Lektorat: Dr. Irmgard Jaeger